本を出したい

佐藤友美
satoyumi

CCCメディアハウス

本を出したい

PROLOGUE

はじめに

なぜこの本のタイトルは「本を〝書きたい〟」ではないのか

「いつか自分の本を出すのが夢なんです。でも、文章力がないと無理ですよね？」

これまで、数えきれないほどの人から、このような質問をされました。そのたびに、「本を出すのに文章力はいりませんよ。というより、自分で原稿を書かなくてもよいですよ」と、お答えしてきました。

こうお伝えすると、ほとんどの人は驚いた顔をします。そうですよね。私も初めてこの事実を知ったときは、びっくりしました。

これまで、60冊ほどの書籍の執筆に関わってきました。が、私自身もほんの10年前まで、**書店に並ぶベストセラー書籍の多くは、本人が書いているわけではないこと**を知りませんでした。

もちろん、小説やエッセイのような「読み物」のジャンルの書籍を書いているのは著者本人です。こういった書籍は、オリジナルのストーリーや文体など、「その人ならではの文章表現」そのものが価値です。このような、「文章そのもの」で価値を提供する小説家やエッセイストなどの書き手は、著者の中でもとくに「作家」と呼ばれます。

でも、ビジネス書や、自己啓発書、健康本や料理本、メイク本などの実用書は、必ずしも本人が執筆しているわけではありません。

著者となる人の多くは、普段は会社を経営していたり、セミナー業をしていたり、医者だったり、料理研究家だったり、メイクアップアーティストだったりします。つまり「本業」がある人たちです。こういった「その道のプロ」の視点を本にまとめるために、編集者や書籍ライター（ブックライター）と呼ばれる人たちが本づくりの手伝いをします。

ビジネス書や実用書の7割～8割は、著者のインタビューや講演などをまとめる形、いわゆる「聞き書き」で出版されていると推測されます（注）。

わかりやすくいうと、**作家は「価値のある文章を書く人」**で、**著者は「価値のあるコンテンツを持っている人」**。同じ本を出す人でも、まるで方法が違うのです。

もしあなたが、自分のビジネスや人生経験から得たコンテンツを本にしたいと思っているなら、そのために文章力を鍛える必要はありません。

むしろ、あなたしか持っていない情報や、あなただけが知る新しいものの見方を研ぎ澄ませるほうが重要です。そして、その情報やものの見方を、人に口頭で説明できる力のほうが重要です（もちろん、自分で書きたい人や書ける人は、自分で書いてもよいです。自分で書ける人は本を出せる可能性が高まりますし、今後さらにその傾向が強まるはずです）。

本を出すために何をすればよいのか

本を出すために、「文章を書くこと」は必須ではない。

このことひとつとってもそうですが、作家以外の人が「本を出すために何をすればよいのか」、その実情はぼんやりとしていて、よくわからないことが多いと感じます。

小説家になるためには、まず小説を書かなくてはならないでしょう。新人賞を受賞したり、小説投稿サイトで評判を集めたりすればデビューできそうというイメージも、なんとなく湧きます。

でも、作家以外の人たちが本を出したいと思った場合は、はたして何から手をつければいいのでしょうか。

たとえば、

・そもそも誰が本の企画を考えているのか
・誰がＯＫすれば本が出るのか
・本を出せる人と出せない人は何が違うのか
・本が出るまでにはどんなプロセスがあり、どれくらい時間がかかるのか
・著者の仕事範囲はどこまでなのか
・印税はいくらもらえるのか
・売れる本と売れない本の違いは何なのか
・本が出たあとに、何をすればいいのか……ｅｔｃ．

この本では、これらの疑問に、できるだけ多くの例を紹介しながら答えたいと思っています。

本を出すと何が変わり、何が変わらないのか

具体的にイメージしにくいのが〝本を出すまで〟のプロセスですが、〝本を出してから〟のことも「想像していたのと違った」とよく言われます。

たとえば「本を出せば人生が劇的に変わる」と思っている人は多いです。たしかに、本を出して人生が劇的に変わることもあります。テレビの出演依頼がくるようになったり、講演のオファーが殺到したり。自分のスクールを立ち上げることになったり、自分がプロデュースした商品を販売できたり。

しかし、そういった劇的な変化があるのは「本を出して、その本が劇的に売れたとき」だけです。本を出しても、売れたり話題になったりしなければ、驚くほどの無風状態で、人生はぴくりとも動きません。これは本を出したことがある人から、よく聞く「誤算」です。

書籍は決してマスメディアではありません。よっぽどの売れっ子著者でない限り、**書籍の初版部数（最初に刷る本の冊数）は4000〜6000部程度が近年の主流**です。日本全国にある書店の数は約1万店ですから、初版ではその本が入荷されない書店のほうが多いでしょう。

一方、日本では**毎日約200冊の新刊が発売**されています。毎日増え続ける新商品の中で、何ヵ月も書店に置いてもらうことは難しい。心血を注ぎ何年もかけてつくった書籍が、あっという間に書店から消えることもあります。**小ロット多品種多産多死。**これが書籍の現実です。

それでもやっぱり本を出したい

本を出すことは大変です。時間も労力もかかります。必ずしも多くの人に読まれるとは限りません。

それでもやはり、**本を出そうと考え、企画し出版することは、他の何かとは似ていない唯一無二の体験**だと、私は思います。

なぜなら、本をつくるプロセスは「これほど、自分自身を深く知れる機会はほかにない」と感じるほど、発見の連続だからです。

自分の人生をもとにして本を出すということは、「自分が持つコンテンツが、どう読者の価値になるか」を模索する行為です。これはそのまま「**自分がどのように生き、**

どのように役立ってきたか」を深く見つめ直す作業とも言えます。
自分自身や自分の思想を社会に向かって開いていく行為。
それが、本を出す、ということです。

そして同時に、**自分自身も知らなかった自分を発見する**ことにもなります。これもあとで詳しく書きますが、本を出すときには、「過去の自分の考えをまとめる」だけでは全然足りません。本を出そうと思ったときには考えもつかなかった思考を本づくりの過程で獲得するのが、本を出すという行為なのです。

本をつくっている間、著者はあらゆる方向から自分自身を観察することになります。おそらく、これほどまでに自分と向き合う時間は人生で何度もない経験でしょう。ときには「この先、自分はどう生きるべきか」を発見することもあります。人によっては、自分の使命のようなものを見つけることもあります。

だからやはり、大変だけれど、やりがいを感じる行為でもあります。そうやって生み出した書籍のコンテンツが読者に届き、「役に立った」「人生観が変わった」と言われれば、とてつもない幸せにもなります。

ところで、この本の著者は誰か

申し遅れました。佐藤友美《ゆみ》と申します。さとゆみと呼ばれています。

「さとゆみに、本を出したい人のための本を書いてほしいねん」と言われたとき（この本の担当編集者のりり子さんは、バリバリの関西弁です）、その書籍の著者として、私ははたして適任なのだろうかと、一瞬とまどいました（これものちほど考察しますが、「本当に自分が書くべきか問題」は、本を出すときに真っ先に考えなくてはならない課題です）。

ですが、ゆくゆく振り返ってみると、たしかに私ほど「書籍周りのいろんな役割」を「たくさんのジャンル」で経験している人は、そう多くないかもしれないと考えるようになりました。ちょっと思い出してみます。

私はもともとファッション誌で15年間ヘアスタイルの専門ライターをしていました。10年前に書籍のライターに転向し、これまで52冊の**書籍のライティングを担当**しています。そのうち7冊は編集も担当したので、少ないながらも、**書籍編集者としての経験**もあります。

そのほかに、著者や作家として**自著が8冊、共著が3冊**あります。これまで書いた自著はすべて重版しています。一番売れた書籍は19刷まで版を重ねています。

そしてこれが多分、一番「本を出したい人」が知りたいことではないかと思うのですが、**書籍の企画を持ち込んで出版社に採用される率が高い**です。前述した著者さんの書籍＋自著＋共著＝63冊のうち、29冊は自分で直接出版社に持ち込んだ企画です。これまで売り込みした書籍の企画のうち、最後まで通らなかったのは2冊だけで、提案した書籍の企画はほとんど採用されています。10万部を超えたヒット作も何冊かあります。

著者さんの本が出版されたあとのPRを担当することもあります。PR記事1本でAmazonの書籍総合ランキングが1桁になった経験が3度あります。ある自著に関しては、自分自身で1万3000冊手売りした経験もあります。取材や講演依頼も400回以上受けました。

つまり、編集者・ライター・著者として、企画、執筆、編集、販促の一通りに関わってきたと言えます。

関わった書籍のジャンルも広めだと思います。

ビジネス書でいうと、マーケティング、キャリア、時間術、AIやDX、コミュニケーション、起業、新規事業、組織経営、マネジメント、ブランディング、資料制作、社会起業、リスキリングなど。

実用書では、ファッション、メイク、ヘア、ダイエット、会話術、健康、セラピー、恋愛、闘病、離婚、セックスなど。自己啓発本、タレントさんの書籍や著名人の評伝、アーティストのファンブック、教育書や学習参考書にも関わりました。

書籍のお仕事をさせていただいた出版社は、28社になります。

さらに、本を出したい人のための、いわゆる出版スクール（著者ゼミなどとも呼ばれます）や、書籍の書き手を育てるブックライター塾に通ったこともあり、著者になった友人やブックライターの友人も大勢います。

本書は、作家以外の人たちが本を出したいと思ったとき、どうすれば本を出せるようになるのか。企画が通ったあとは、どんな過程がありどのように本をつくっていくのか。なるべく多くの著者さん、編集者さんの言葉を交えながら、表の話も裏の話も紹介していきたいと思います。

また、企画書のつくり方や通し方、著者からどのような言葉を引き出し1冊の本をどう書き上げるかなど、本づくりに関わるライターにとって参考になる話もお伝えできればと思っています。

そして何より、この時代に「本を出すこと」にどんな可能性があるのか。本書を書き進めながら、考えていきたいと思います。

お役に立てますように。

（注）２０１９年～２０２３年の年間ベストセラーランキング（日本出版販売株式会社サイトより）の、ビジネス書単行本上位10冊と実用書上位10冊（ともに翻訳書、編集部の編著を除く）をもとに独自に調査したデータと、書籍編集者へのヒアリングをもとに推測。

目次

CHAPTER 5

読まれる本にする工夫

CHAPTER

1

こんな私に本は出せるのか？

「この中に、名刺代わりの本を出したいと思っている人がいたら、今すぐ、考えを改めてください」

これは、私が初めて通った著者を育てるためのゼミで、初日に受講生全員に宣告された言葉です。

最初はその言葉の意味がよくわかりませんでした。だって、これまでいろんな著者さんから、「さとゆみさん、書籍はいいよー。何より名刺代わりになるから。さとゆみさんも、人の本ばかり手伝っていないで、自分の本を書いたらいいのに」と言われていたからです。

でも、その講師の編集者さんが丁寧に説明してくださったことで、「なぜ、名刺代わりの本を出したいと考えることがダメなのか」が、ストンと腹落ちしました。

本は名刺と違ってお金を出して買ってもらうものです。だから、「それを有償でも手に入れたいと思う人＝読者」の存在が必要になります。

つまり「自分が出したいから本を出す」のではなく、「自分は読者に役立つ何かを提供できるから本を出す」という考え方をしなくてはいけないわけです。

ゼミに集まった32人の同期のうち多くは、過去に自分の本を出したことがないメンバーでした。私を含め、「いつか自分の本を出したいなあ」「私でも本を出せるのかなあ」とふんわりとした気持ちで申し込んだ人もいたような気がします。

でも、この考えに触れたことで、私たちの意識は180度変わりました。半年のゼミ期間中ずっと、「私が持っている情報は、知識は、考えは、いったい誰の何に役に立つのか」を考え続けることになりました。

ゼミ終了後、11人の仲間の書籍が出版されました。そのほとんどがデビュー作でしたが、その年のベストセラーにランクインした本もあったし、文庫化されたり海外で翻訳されたりの報告もしょっちゅう聞きます。その後、常連著者の仲間入りをした人もいます。

そして、私たちの本は、その後〝結果的に〟、名刺代わりの本となりました。本を出している人と認識されることは、信頼になります。事業を拡大できた、ヘッドハンティングされた、会社を辞めて専業著者になった、テレビや雑誌に出るようになった人もいます。私自身も、このときに出版された書籍をきっかけに、100回を超える取材と、同じくらいの回数の講演依頼を受けました。まさに本が、名刺代わりとなってくれたと言えます。

でも逆説的ではありますが、これらすべては、私たちが「名刺代わりの本を出してはいけない」と心に刻んだからこそ生まれた現象だったと思うのです。自分が書きたいことを書いているだけでは、きっと、こんなミラクルは起こらなかった。

今となれば、私に「本は名刺代わりになるよ」と言った、ベテラン著者さんたちの真意もわかります。

その著者さんたちはみな、徹底して「読者メリット」を考える人たちでした。だからこそ、ご自身が取り組んできたことや伝えたいことが、読者の知りたいこととリンクします。〝結果的に〟その本は多くの読者に届き、彼／彼女らの「名刺代わり」になってくれたのでしょう。

この章では、本を出すためには、どんなルートがあるのか、著者デビューした人はどのようなきっかけで著者になったのかを考えたいと思います。

CHAPTER 1 で考えたいこと

Think 1 なぜ本を出したいのか?

Think 2 あの人はどうやって著者になったのか?

Think 1

なぜ本を出したいのか？

まずは「目指す出版」を明確にする

この本を手に取ってくださったあなたは、「なぜ」本を出したいのでしょうか。
なぜこれを最初に考えたいかというと、あなたが**本を出したい理由によって、どんな出版を目指すかが変わる**からです。

本を出したい人にその理由を聞くと、自分自身が本によって人生を豊かにしてもらった経験がある人が多いようです。

仕事で悩んだときに1冊の本が転機になった。挫折をしたときに読んだ本のおかげで立ち直ることができた。そんな経験をした人は、いつか自分も誰かの人生を支える本を出したいと思うのかもしれません。

以前、上場企業に勤める20代、30代、100人ほどにインタビューして将来の夢を聞いたことがあります。「会社で役員になりたい」よりも多かったのは、「自分の本を出したい」でした（ちなみに次に多かったのは、「大学で教えたい」でした）。

昔ほどの影響力はないにせよ、本の著者になることは名誉なことだと考えられているのでしょう。これは過去の著者さんたちの素晴らしい仕事のおかげだと思います。

加えて、本を出すことは自己表現がしたいという希望も叶えられます。本のような公《おおやけ》感のある媒体で自身の考えを表現できるのは、自身のＳＮＳで発信するのとはやはり違うのでしょう。ネットのフォロワーや読者が多い人でも、「本になるのは、ひと味違う感慨がある」と言います。

「本はネットと違って、残るから」という言葉も聞きます。実は、書籍はわりとすぐに絶版になるので意外とネットに書いた文章のほうが長生きするのですが、それでも手に取れる物質としての「本」は、何ものにも代え難い存在感があります（この「本」ならではの魅力が何なのかは、Ｔｈｉｎｋ８で詳しく考えます）。

もうひとつ、本を出したいと思ったきっかけでよく聞くのは「知り合いの本が出たから」です。本を出すことは誰でもできることではないと思っていた。でも、身近な人の本が出版され、「あの人に出せるならば、自分にも出せるのでは……」と思ったというものです。この心理もよくわかります。

ずばり、「そろそろ名刺代わりの本がほしいと思って」と言われることもあります。本業が軌道に乗ってきたタイミングで、集客アイテムとしての本や、ブランディングのための本を出したいと相談を受けることもあります。「夢の印税生活！」というのもあるかもしれませんね。いずれのきっかけで本を出したいと思った人たちのためにも、まずは出版の種類について解説します。

出版には2つのルートがある——商業出版と自費出版

出版には、大きく分けて商業出版と自費出版があります。**商業出版は、出版社が「この人の本を出したい」と著者にオファーし、著者にお金を払って行う出版**を指します。一般的に多くの人がイメージしている「出版」は、この商業出版のほうかと思います。

本をつくるためには、原稿料、デザイン料、印刷費、紙代、そして出版社の社員の稼働費、営業費、販促費などの費用がかかります。これらを出版社が負担して、本の売上で利益をあげるのが商業出版です。

本が売れ、初版部数では足りなくなり刷り足すことを「重版」と言います。1回重版したら次に印刷する本を2刷《ずり》、2回重版して印刷する本を3刷《ずり》……と言いますが、この重版が一度もかからなければ赤字になることもあります。日本の重版確率は1〜2割と言われていますから、精査に精査を重ねて企画会議を通した書籍ですら赤字になるものも多いわけです。

ですから「名刺代わりの本を出したい」のであれば、商業出版には向きません。もちろん、結果的にその本が名刺の代わりになることはあります。しかし、はなから「自分のブランディングのために本を出したい」が前面に出た企画が採用されることは、まずありません。なぜなら**商業出版はシビアな「商い」**だからです。企業で言えば新規事業のようなものです。どれくらいの見込み客がいるのかわからないと出版社は投資してくれないし、商品開発のルートにはのりません。

このことを、ブックライターでもあり、ご自身も50冊以上の著作を持つ上阪徹さん（私の師匠です）は、以下のような言葉で表現されました。

「自分の本を出したいではなく、読んでもらいたい、役に立ちたいという気持ちを持つ。できることなら、出版社を儲けさせたいと考えるくらい、マインド転換をしたほうがいい」

本を出すことは自身（や自社）の利益のためと思っていた人には、耳が痛いかもしれません。しかし、上阪さんの言葉は、本づくりに関わっている人たち全員が頷く言葉だと思います。**本は、書き手のためにあるわけではなく読者のためにある**のです。

ファーストは読者か自分かを検討する

先ほど、出版には大きくわけて二つのルートがあると話しました。商業出版ではないほうのもうひとつの道は、自費出版です。自費出版の場合、どれくらいお金がかかるのか、どれくらい編集者の手が入るのかは、出版社のメニューやプランによっても違います。

自分の原稿に事実誤認や誤字脱字がないかだけチェックしてもらって、知り合いに配るケースもあれば、一流のライターさんに聞き書きしてもらい、有名装丁家がデザインするカバーで、全国の書店に並べてもらうようなプランもあります。

商業出版は読者が顧客なので、読者ファーストが大前提です。しかし、**自費出版はあなた自身が顧客なので、あなたファーストの本をつくりやすい**と言えます。「自分が伝えたいことを伝える」を堂々と追求できます。

ただし、読者に読んでもらえなければブランディングにもなりませんから、読者をイメージして本をつくることは大事です。そのためのコンサルティングがしっかり入る出版社もありますし、編集者が二人三脚してくれるところもあります。しかし、クライアントがあなた自身なので、商業出版に比べると、比較的「自分が伝えたいことを伝える」を通しやすくなるでしょう。

これ以外にも、企業の課題を解決するために本をつくる、企業出版と呼ばれる方法もあります。ブランディング出版やカスタム出版といった言い方をするケースもあります。カスタム出版は、書籍以外の会社パンフレットや記念誌なども指したりすることもあるようです。このような出版方法の呼び方や定義は、出版社によってまちまちですが、出版社ではなく、企業サイドが費用を負担する点に関しては、自費出版と同じです。

最初に「なぜ本を出したいのか」と尋ねたのは、その理由によって商業出版を目指すのか、むしろ自費出版やブランディング出版のほうがよいのかがわかるからです。もちろん「名刺代わりの本を出したい」と思っていた人でも、その内容を読者ファーストにブラッシュアップできれば、商業出版できる可能性も十分あります。

紙の本にこだわらないという新しい選択肢

これは自費出版の新しい形とも言えますが、①「出版社から」②「紙の本を出す」ことにこだわっていないのであれば、Ｋｉｎｄｌｅ**出版などで電子書籍**をつくるのもひとつの手です。こちらは、印刷代や製本代などがかからないので、**出版社で自費出版するよりもずっと安価**に本を出すことができます。

私の知り合いのライターさんにも、このKindle出版を手伝っている人たちがいます。いずれも筆力の高いライターさんたちで、インタビュー取材やその人の講演録などをもとに原稿を仕上げているそうです。これまで自分が主張してきたことを、まとまった読み物として売りたいのであればKindle出版なども視野に入れてよいと思います。

著者本人が費用を払ってKindle出版するケースもありますが、最近ではKindle本を先につくって、売れたコンテンツだけ紙の書籍にするという出版社も出てきました。紙の本よりコストもリスクも低いので、今後はさらに多くの出版社で採用される方法かもしれません。

また、**noteを使って文章を売る**人も増えました。「本を出す」というイメージからは遠いかもしれませんが、「文章を売る」のに利用しやすいプラットフォームだと思います。

私の知り合いの著者さんは、自著を数冊出したあとに執筆の場をnoteに変えました。今は記事を売ることで、億単位の収入を得ていると聞きます。

今後は、このような形で文章を売る人がますます増えると思います。みなさんも一度、「何のために本を出したいのか」と「誰に届ける本を出したいのか」を考えてみてください。場合によっては、「紙の本を出版する」にこだわらないほうが、目的にかなうこともあるかもしれません。

このThink1では、なぜ本を出したいのかを考え、出版にはどのような種類があるのかを見てきました。

ここから先は、おそらく、この本を手に取ってくださった方々の多くが目指しているであろう「商業出版」について話を進めます。とはいえ、書籍の企画のつくり方、構成案をどうつくり原稿をどのように書くかといった話は、商業出版、自費出版、どちらの場合でも役に立つ内容になっていると思います。

商業出版を目指すのであれば、その書籍をお客さま、つまり読者にとって魅力的な商品にする必要があることを確認して、次に進みましょう。

Think

2

あの人はどうやって著者になったのか？

初めての出版にいたる経緯を知る

いつか本を出したいと言う知り合いたちに、一番知りたいことは何？　と聞くと、みな、**「どうやったら著者になれるのかを知りたい」**と口をそろえました。とくに、デビュー作となる１冊目を、どのような経緯で出版することになるのかは、著者本人から聞かない限りなかなか知る機会はありません。

・出版社に持ち込みに行けばよいの？
・それとも、どこかで見初められる機会があるの？
・ＳＮＳのフォロワーが多ければいつかオファーがくるの？
・ｎｏｔｅやブログをバズらせればよいの？

これらの疑問にお答えする前に、編集者から見た本づくりの裏側をお伝えしたいと思います。１冊の本が世の中に流通するまでにはどのようなプロセスがあるのか。この流れを、「編集者の立場」から見ていきましょう。

なぜ「編集者の立場」なのかというと、「著者の立場」から見えるプロセスは、書籍づくりのほんの一部だからです。編集者がどのように書籍をつくっているかを知ることで「どうすれば自分の本を出せるのか」がイメージできると思います。

絶対にクリアしなくてはならないハードル――企画会議

ほとんどの出版社には、**その書籍を出版すべきかどうかを判断する「企画会議」**があります。書籍の編集者は、その企画会議に自分がつくりたい本の企画を提出します。出版社にもよりますが、企画会議は1週間に1回から、1ヵ月に1回くらいのペースで開かれることが多いようです。

私はこれまでにさまざまな出版社の企画書を見たことがありますが、A4ペラ1枚でおさめるルールのところもあれば、「この書籍の新しさは何か」「競合する書籍は何で、それらはどれくらい売れているか」「なぜ今、この書籍を出す必要があるのか」などのマーケティング資料を10枚以上提出しなくてはならないところもあります。

企画の採用率は出版社や編集部によってさまざまです。なかなか企画が通らない出版社もあれば、会議前にある程度上司とブラッシュアップして企画書をつくりこむので、会議にかかればだいたい採用されるという編集部もあります。

編集会議で企画が通ったあとに、営業会議に進む出版社もあります。そのような出版社では、編集者が良い企画だと思うだけでは不十分で、営業サイドから見て売れそうな企画だと思われないと出版まで漕ぎ着けられないのです。

では、編集者は、どのように書籍の企画を発案するのでしょうか。言い換えれば、「この著者に、こんなテーマで書いてもらおう」となるまでに、編集者は何をしているのでしょうか。とくに、新人著者の場合、編集者はどこで著者候補となる人を「発掘」するのでしょうか。

著者主導かテーマ主導か──企画の2タイプ

本を出したいと思った人が、あまり想像できていないことがあります。それは、**本づくりには「著者主導」の企画と「テーマ主導」の企画がある**ということです。

「著者主導」とは、「○○さんの書籍を出したい」と考え、その著者が書くにふさわしいテーマを考える方法です。

「テーマ主導」とは、「こういうテーマで本を出したい」と考え、そのテーマを書くのにふさわしい著者を見つける方法です。

本を出したい人は、自分が起点になっています。ほかならぬ〝自分〟が本を出したいのですから「著者主導」で企画を考えるのが自然でしょう。でも、**編集者が企画を立てるときは「テーマ主導」で考えるケースが比較的多い**ように思います。

たとえば、あるエクササイズ本をつくった編集者さんは、友人たちと話をしていて「女性でも筋トレをしたい人は多い。でも、ムキムキではなく、しなやかな筋肉をつけたい」というニーズがあることに気づいたそうです。そこから、「女性にとって嬉しい体型になれるエクササイズを指導している人はいないか」と、ＳＮＳやブログを探し回って、著者候補の人を見つけたと言います。

その著者候補のトレーナーさんは、当時はそれほどフォロワーが多い人ではありませんでした。けれども、ブログに書かれたその人のメソッドにピンときた編集者さんは、そのノウハウを書籍化したいとオファーをしました。その本は発売直後から火がつき、その年の年間ランキングに入るほど売れました。

これが「テーマ主導」で、著者を探すタイプの本づくりです。

いいテーマで企画が立てば、編集者はいろんな角度から著者を探す

私自身も、過去に1冊だけ「テーマ主導」で企画を出版社に持ち込んだことがあります。それは女性が離婚をしたいと考えたときに読む本の企画でした。「離婚するときに必要な法律について書かれた本はたくさんあるけれど、そもそも離婚をしたほうがよいのかどうかをどう判断すればよいのだろうか。メンタルを削がれずに別れるには何に気をつければよいのだろうか」と考えたのがきっかけです。当初、企画書に書いた仮タイトルは「円満離婚」でした。

企画を持ち込んだ先の編集者さんと一緒に、「メンタルを病まずに円満に離婚する方法」について語れる人を探しました。

心のケアだけなら、心理カウンセラーや恋愛カウンセラーが適任かもしれません。でも、調停を有利に進めるコツや親権を得るためのノウハウなども重要です。そう考えるとやはり、弁護士がいいだろうとなりました。

そうやって著者候補の方を探すうちに、自身も3回の離婚を経験し、「離婚がうまくいくかどうかは、心の整理が9割」と公言する女性弁護士さんと出会いました。そこで彼女から話を聞いてつくったのが『こじらせない離婚』(原口未緒/ダイヤモンド

社）という書籍です。

これもやはり、テーマ主導の書籍になります。

「声をかけられる」人になる

「本を出したい」と思ったとき、最初に思いつくのは自分が考えた企画を出版社に持ち込むことかもしれません。でも、先ほどのトレーナーさんや、この弁護士さんのように、出版社から「書籍を出しませんか？」と打診をされて出版が決まることはよくあります。編集者がテーマ主導で企画を考え、自分がつくりたいテーマについて書ける著者を探していることを知っていれば、そのルートで声をかけられやすくなるための工夫ができるでしょう。

たとえば過去に、編集者の方たちからこんなことを聞かれたことがあります。

「女性の起業について書ける人、いないかなあ。日本在住じゃなくてもいい」

「不登校についての本をつくりたいんだけど、誰か良い人、いない？」

「Z世代のマネジメントについての本なら、誰がいいと思う？」……etc.

これらはすべて、「テーマ主導」の企画です。こういうときに、自分の名前が想起されるようになっていると、強い。キーワード検索されたときに、自分の名前が上がってくるようになっているのもよいでしょう。

これは何も出版に限った話ではないと思いますが、**タグがしっかりついている人は、自ら売り込まなくても編集者のほうから「見つけてもらう」ことができます。**

編集者が著者を探す場所

これは、ある大手出版社の方から聞いた話です。

その方のいる編集部では、新入社員はまず、Amebaブログ（以下、アメブロ）の各ジャンルのPV数でランキング10位に入っている人たちに片っ端からアポをとり、ブロガーの人たちと面談をくり返すことから企画をつくるそうです。

かつて出版業界では、「ダイエットやメイク、片付けなど、実用ジャンルで声をかけてもらいたいなら、アメブロでPVをとる」「ビジネスや言論分野で声をかけてもらいたいなら、はてなブログでPVをとる」のが近道だと言われていました。

今は、noteやYouTube、InstagramやTikTokのコンテンツなども

よくチェックされています。そういった場所で、読者や視聴者がたくさんいたり、斬新な発信ができていたら「テーマ主導」の企画の著者として見初めてもらえる可能性が高まります。

自分で発信した記事だけではなく、ウェブメディアなどの**インタビュー記事**を見た編集者からオファーをもらったというケースもよく聞きます。

ある編集者さんは、**講演会やトークイベント**などで著者候補を探すと話していました。ウェブで著者候補を探すと、どうしても他の出版社と目をつける人が似てくる。それよりは、他社の編集者があまりチェックしていない講演会などに通って、「この人は、このテーマについて書けそう」とオファーすることが多いのだとか。

最近は、**個人向けのオンライン講座**も増えています。そのような講座で著者を「発掘」している編集者さんもいます。

声がかかる発信の3パターン

このように考えると、まず自分が伝えたいジャンルで発信し、その発信でオリジナリティを発揮するのが「発掘してもらえる」近道だと気づきます。

先ほどのエクササイズ本の著者さんは、ブログで「しなやかな筋肉をつけながら痩せる方法」を発信していました。

離婚専門弁護士の方もやはり、離婚を進めるときのメンタルのケアについてメルマガで発信をしていました。加えて彼女の場合、事務所のホームページのプロフィールに、自身の3度の結婚&離婚歴が書かれていたのもインパクトがありました。「仕事もプライベートも〝離婚のプロ〟感が半端ないですね」と、編集者さんと話したのを覚えています。実際に会ってみたら、弁護士とは思えないゆるふわキャラで、そのギャップも魅力的でした。

もちろん、ただ発信しているだけでは、著者候補としては選ばれません。

これは私の観察ですが、ホームページやブログなどの発信で出版社から声をかけられるには3つのパターンがあるように思います。

---

① その人の文章にファンが多くついている場合
② 課題解決のメソッドが斬新で、かつ再現性が高そうな場合
③ その人のプロフィールが課題解決する人として最適な場合

①はわかりやすいと思います。たとえば、noteのいいね数が常に何千個もついているとか、有料noteが相当数売れているとか。この場合は、その人の文章そのものにファンがいるということなので、書籍化がイメージしやすくなります。

②と③は、本を出したい人たちにとって、最も重要な話だと思うので、Think3で詳しく解説します。

「紹介される」人になる

もうひとつ。編集者の方々に「著者と出会ったきっかけ」を聞くと、**多いのが「知り合いから紹介される」パターン**です。具体的には、一緒に仕事をした著者さんに「面白い人がいるので会ってみませんか？」と言われるケースです。「新しい著者さんとの出会いは、ほとんどが著者さんからの紹介」という編集者さんもいました。

たとえば、私が以前お手伝いした著者さんは、ベストセラー著者さんのコーチをしている方でした。売れっ子著者さんから、「今の僕があるのも、この人のおかげです」と紹介されたので、編集者さんが興味を持ってその方のコーチングの秘訣を聞き、本を出すことになったそうです。

ライターやデザイナーのような書籍づくりの仲間から紹介されて著者デビューするケースも聞きます。

私もあるとき、「さとゆみさん、私、ファッション本をつくりたいんです。面白い人、いませんか?」と聞かれ、長年付き合いのあったファッションスタイリストの友人を紹介しました。

当時彼女は、まだ日本ではその存在をほとんど知られていなかった「パーソナルスタイリング」を始めて1年ほど経ったところでした。パーソナルスタイリングとは、その名の通り、顧客の手持ちの服でコーディネートをアドバイスしたり、足りない服を一緒に買いにいくようなサービスです。

私自身が彼女にショッピング同行をしてもらい、自分の服装に自信を持てるようになった経験がありました。「プロの服の選び方」を知っていれば、毎日のコーディネートがこんなに楽になるのだと感動したものです。

その話を編集者さんにしたところ、「私もそのサービスを受けてみたい」とおっしゃいました。そこで、2人をおつなぎしたら怒涛の勢いで意気投合したのです。次の日、その編集者さんが、スタイリストさんおすすめのコーディネートで出社したら、会う人、会う人に褒められたという〝裏付け〟もついたので、あっという間に「彼女の本を出しましょう」となりました。

その本は爆発的に売れ、今や彼女は日本を代表するスタイリストとしてテレビに雑誌に引っ張りだこになりました。パーソナルスタイリストを育てるファッションスクールも立ち上げ、精力的に後進を育てています。

このように、初めての書籍は、編集者から発掘されたり見初められたりして出す人が多いようです。

だが、しかし。みなさんの中には、こう思った人もいるはずです。

- 発信は頑張っている。でも、一向に声がかからないのはなぜ。編集者の目にとまるのはどんな人？
- 自分のほうが知名度は高いのに、なぜあの人の本は出て、自分の本は出ないの？
- 編集者を紹介してもらったけれど、興味を持ってもらえない。何が足りないの？

これらはつまり、「本を出せる人と出せない人は、何が違うのか？」という問いになるかと思います。CHAPTER2からは、どんな人が著者になれるのかについて考えてみましょう。

CHAPTER

2

本を出せる人、出せない人

私の大切な友人に、山本あきこさんという著者さんがいます。先ほど、編集者さんに紹介したと書いたファッションスタイリストさんです。彼女の書籍は、そのジャンルで1、2を争うほど売れています。テレビや雑誌で見たことがある方もいるのではないでしょうか。

彼女とは、かれこれ25年の付き合いになります。20代の半ば頃。彼女はスタイリストのアシスタントをしていて、私はファッション誌の駆け出しライターでした。同じ時期に修業時代を過ごしたこともあり、仕事だけではなくプライベートでもよく遊ぶ仲でした。

ファッション誌には、さまざまなページがあります。スタイリストにとって花形の仕事といえば、表紙のコーディネートや、モデルと撮影する特集ページ、自分の名前が冠につくスタイリング提案ページなど。一方で、私が当時担当していたヘアカタログのページは、スタイリストに不人気なページでした。髪型の撮影は上半身だけの撮影が多いし、服がほとんど写らないときすらあります。アパレルブランドも美容ページにはあまり服を貸したがらないから、物理的に服を集めるのも大変です。プロではない読者がモデルの場合も多いから、サイズ感や体型カバーなどにも気を使います。

そんな、大変なはずのページを、嫌な顔ひとつせず楽しそうに引き受けてくれるのが、山本さんでした。

プロのモデルではない読者だからこそ、服ひとつで急にあか抜けたり、美しく見えたりします。機械的に服を割り当てるスタイリストさんもいる中で、山本さんは、一人ひとりの骨格や顔立ちをじっくり見て服を選んでくれる人でした。一般の人を撮影するときに、その人を最も輝かせてくれるスタイリスト、それが山本さんだったのです。

そんな彼女に、相談したいことがあると言われたのは、お互い30代後半に入った頃のこと。待ち合わせをした銀座のカフェで、彼女は「私、パーソナルスタイリングを始めようと思うんです」と、言いました。

今でこそパーソナルスタイリストは多くの人に知られる職業ですが、当時の私はその存在すら知りませんでした。なんでも、顧客の家まで行ってクローゼットの中身をひっくり返し、買い物にも同行して、本人の私物でコーディネートを組んであげるのだとか。

「私、読者の人たちのコーディネートをするのがすごく好きだったんですよね。もっと一般の方々に、ファッションの楽しさを伝える仕事をしたいなと思って」と、彼女は言います。

すごく〝らしい〟選択だな、と思いました。彼女にとっても顧客にとっても幸せな仕事だと思う頭の片隅で、「山本さんはもうファッション誌を諦めてしまったのだろうか?」と、一瞬思いました。当時は私の中にどこか、「ファッション誌の仕事のほうが上」という驕《おご》った感覚があったのだと思います。

そんな私の複雑な思いをよそに、彼女のパーソナルスタイリングは、あっという間に予約がとれなくなりました。そして、私自身も彼女にスタイリングしてもらうようになって、毎日の服選びが、がらっと変わりました。

ファッション誌で働いていたはずなのに、服の着こなしにはいろんなルールがあることを、私は彼女に教えてもらって初めて知りました。

シャツはほんのちょっと袖をまくって襟を立てるだけでセンスよく見えること、ネックレスとピアスの組み合わせには美しく見える法則があること、トップスをパンツにインするときに綺麗に見える方法も学びました。

私は、彼女が一般の人に教えるコーディネートのコツを、書籍にしたらきっと喜ばれるのではないかと考えました。そこで、ファッション本をつくりたいという編集者さんに紹介したところ、あっという間に話がまとまったのは前述の通りです。

ところが、山本さんのデビュー作が大ベストセラーになったとき、あるファッション誌のスタッフルームでこんなことを言っている人がいました。

「ねえ、あの本、どうしてあんなに売れてるの? 当たり前のことしか書いてないじゃんね？」

私たちよりもだいぶ歳上のスタイリストさんたちの声でした。どちらも、有名モデルやタレントのスタイリングを一手に引き受ける売れっ子です。

その場にいた私は反論したい気持ちになったけれど、「ああ、この人たちには、一般の人たちがファッションのどこにつまずいているのか、わからないんだな。一般の女性たちが、山本さんのアドバイスで、どれほど人生が変わるか想像できないんだな」と思って口をつぐみました。

このとき、山本さんが自分の書籍で行ったことは、読者との「橋渡し」でした。

プロのスタイリストなら誰でも知っているテクニック、でも一般の人たちに説明されたことのないテクニックを、わかりやすく解説してあげること。これができたからこそ、山本さんは著者になれたし、その本はベストセラーになったのだと思います。それは、山本さんが体型に恵まれたモデルやタレントだけではなく、一般の人たちに寄り添ってスタイリングし続けたからこそ、できたことです。

一方で、「当たり前のことしか書いていない」と言ったスタイリストさんたちは、スタイリングの技術は素晴らしくても、一般の読者向けに本を書いてヒットさせることはできないだろうと思いました。

この章では、どんな人が本を出すことができるのか。そして、初めて本を出したいと思ったら、どこにアプローチすればよいかについて考えていきたいと思います。

CHAPTER 2 で考えたいこと

Think 3 本を出せるのはどんな人か？

Think 4 私が本を出すチャンスはどこにある？

Think

3

本を出せるのはどんな人か？

「二の腕のたるみ」から「愛」まで――課題のサイズを意識する

「どんな人が本を出せるのか？」を知るためには、書籍の役割について考える必要があります。

書籍は、書き手のためではなく読者のためにあることはThink1で考えました。では具体的に、読者のために〝何を〟すれば良いのでしょうか。

「書籍は、読者の課題を解決しなければならない」

誰の言葉か思い出そうとしたのですが、思い出せませんでした。ただ、これまでに4、5回は聞いたことがある言葉なので、本づくりに関わる人たちがよく口にする書籍の定義なのだと思います。

この「読者の課題」にはいろんなサイズ感があります。

「エクセルの使い方をマスターしたい」や「二の腕を細くしたい」といったピンポイントの課題から、「どう生きればよいか（を知りたい）」や「愛とは何か（を知りたい）」といった果てのない課題まで。読者は毎日さまざまな課題に直面し、それを解決してくれる人を探しています。

言い換えれば、「**読者のなんらかの課題を解決できる人が、本を出すことができる人**」となるでしょう。

では、どんな課題をどんな方法で解決すれば本を出せるのか。さらに一歩踏み込んで考えてみます。

・その課題を抱えている人がたくさんいて
・その解決法がこれまでなかった新しい解決法で
・誰でもできる再現性の高い方法

ならば、本を出せる可能性が高まるでしょう。逆に言えば、

・課題を抱えている人が少なくてニッチすぎては商売にならないし
・誰もがすでに知っている解決法であれば買ってもらえないし
・一部の〝選ばれしもの〟しか実行できない解決法であれば役に立ちません

この3つを意識しながら、自分に解決できる課題は何だろうと考えることが、著者になるための第一歩かもしれません。とくに再現性があるかないかは、重要なポイントで、企画書でも厳しくチェックされます。

私は課題の解決法を語るに値するか

Think2で、「本を出してほしい」と打診される人には、大きく分けて3つのケースがあると言いました。

①その人の文章にファンが多くついている場合
②課題解決のメソッドが斬新で、かつ再現性が高そうな場合
③その人のプロフィールが課題解決する人として最適な場合

ひとつ前の項では②について解説しました。③についても考えてみましょう。

たとえばみなさんが、お金持ちになる方法を知りたいとします。どんな人から教えてもらいたいでしょうか。

親から莫大な遺産を引き継いで悠々自適に暮らしながら、銀行に預けたお金の利息と不労所得で生きている人から教わりたいでしょうか。それとも、生まれた家は貧しく大学も卒業していないけれど、30代から始めた週末起業で人が羨む豊かな生活を手に入れた人から教わりたいでしょうか。

ケースバイケースだとは思うものの、後者から教わりたい人が多いのではないでしょうか。

もうひとつ例を出します。あなたが、「話し下手の自分でも人とうまくコミュニケーションできる方法」を知りたいとします。友達一人にアドバイスして喜ばれた経験がある人と、これまで3000人の話下手を救った予約のとれないコーチだとしたら、やはり後者から学びたいと思いますよね。

これが、「読者の課題解決をする人として最適かどうか」の意味です。

ただし、**読者の課題解決に長けている人と、その業界ナンバーワンと言われる達人は、必ずしもイコールではありません。**「自分自身ができる」ことと、「人に教えることができる」ことは、まったく違います。

野球の天才、長嶋茂雄さんに「どうやったらホームランを打つことができるのか？」

と聞いたところ、「スーッと来た球をガーンと打てばいい」と言われたという逸話が有名です。エピソードとしては面白いですが、これでは、書籍は作れません。

プロの当たり前は、当たり前じゃない

著者にとって大事な能力は、「読者との橋渡しができること」です。「プロの知識を素人にわかりやすく解説できること」と言えば、よりイメージしやすいでしょうか。

ビジネス書でも、実用書でも、本が売れると必ずといっていいほど「ここに書かれていることは、当たり前のことばかりだ。新しいことは何も書かれていない」と文句をつける、その業界の住人が登場します。

でも、それは違います。

その著者が書いているのは、「当たり前のこと」ではないのです。

業界の中の人や、**その道のプロの人にとっては「当たり前」でも、それ以外の人にとっては「当たり前ではないこと」を書いているから、売れる**のです。

著者とは、読者にとって、何が当たり前で、何が初めて知ることなのかがわかる人のことを指すのだと思います。そして、山本あきこさんのように、プロの世界の「当たり前」を、読者にわかりやすく翻訳して伝えることができる人こそが、読者にとってありがたい著者なのだと思います。

私はキャッチー？——著者に必要なのは強い言葉

あなたが、読者に対して課題解決の方法を持っていて、それがある程度悩んでいる人が多い課題で、あなたにそれを語る資格（プロフィール）が十分にあるとします。これらは、本を出すために必要な最低条件です。

では、ここからさらに、売れる本をつくる著者は何が違うかについて考えてみたいと思います。

これまで、いろんなジャンルの著者さんに取材をしてきました。その経験から、「**著者に一番必要な力は何か？**」と**聞かれたら、**「**その人にしか言えない、強い言葉を持っていること**」と答えます。

ビジネス書であれ、実用書であれ、そこに書かれている〝内容〟は実は、過去にも誰かが似たようなことを言っているケースが多々あります。

しかし、同じ内容を伝えていたとしても、どんな〝言葉〟が使われているかによって、読者の心に刺さるかどうかが決まります。

言い換えれば、書籍の中に、どれくらい「アンダーライン（傍線）を引きたくなるような言葉」をちりばめることができるか。読者が「覚えておきたいと思う言葉」を、いくつ放つことができるか。

これが、著者の力であり、本の力になります。

たとえば、2022年のベストセラーに『佐久間宣行のずるい仕事術』（ダイヤモンド社）というビジネス書があります。佐久間さんは「ゴッドタン」や「あちこちオードリー」のような、テレビ東京の顔とも言える番組をヒットさせてきた方です。

この『ずるい仕事術』の中に「ブランド力を持つためには、自分らしくない仕事をしてはいけない」という内容が書かれた項があります。

これだけならば、「うん、まあそれはそうでしょうね」と思うだけでしょう。きっとそれほど読者の心には残らないと思います。

しかし佐久間さんは、このことを「ケーキ屋ならとんかつを出してはいけない」という言葉で表しています。実にわかりやすい表現です。これが、「強い言葉を持っている」の意味です。別の言葉でいえば「モノは言いよう」です。

これ以外にも

「コミュニケーションは、最短距離よりも平らな道」
「かわいい後輩よりも、頼れる若手になれ」
「自分は勇者なのか、僧侶なのか」

といった、佐久間さんならではの印象的な言葉が並びます。

ちなみに、佐久間さんが

「ケーキ屋ならとんかつを出してはいけない」

と表現した内容を、作詞家の秋元康さんは

「記憶に残る幕の内弁当はない」

と表現しています。これもまたパワーワードですね。

佐久間さんや秋元さんのように**「強い言葉」で書かれた文章は、読者にとって忘れられない文章**になります。「そうか、何でもかんでもそつなくできることよりも、自分ならではの特技を持っていることが大事なんだな」と腹落ちさせることができます。

これが、読者にとっては「よい読書体験」になり、「読んでよかった」という読後感につながり、「明日から意識しよう」という行動変容につながります。そういった読書体験ができる書籍は売れていきます。

これは、ビジネス書だけの話ではありません。売れっ子の著者さんには、必ずこの、「強い言葉」がある。ミリオンセラーを世に出したある編集者さんは「著者になる資格があるかどうかは、オリジナルの言葉を持っているかどうか」だと、教えてくれました。

「私の格言」100本を考える——構成の土台

この「強い言葉」について、もう少し考えてみます。

「強い言葉」とは、「名言」であり、「格言」であるとも言えます。

私が前述の出版ゼミに通っていたときのことです。32名の受講生が、自分が出したい本の最終プレゼンを終え、懇親会で盛り上がっているときのことでした。

そのゼミを主催していた当時の編集長が、ぽろっと、「書籍を書くときには、伝えたいことを、格言にする気持ちで書くといいですよ。100本くらい格言があったら、それを見出しにして原稿が書けます」と言いました。

その日はゼミを卒業した嬉しさで、浴びるほどお酒を飲んでいたのですが、編集長の言葉が気になって、家に帰ってから朝までかけて格言を考えてみました。

このとき私は女性向けのヘアカタログをつくる仕事を15年していて、髪についての書籍の企画を考えていたので、つくった格言はこんなものでした。

・シャンプーで髪を洗ってはいけない
・毛先の10センチよりも、前髪の1センチ
・帰国子女は飲み会で3回髪型を変える
・キューティクルを整えると人間関係も整う
・髪には賞味期限がある
・雨の日は髪に蓋をする
・女性の知性は後頭部に宿る

朝までに100本考えて、ゼミのFacebookグループに投稿して眠ったのですが、これらの格言は、その後上梓した『女の運命は髪で変わる』（サンマーク出版）という本で、そのまま見出しになったり、本文の骨子になったりしました。

私の企画は最終プレゼンでは全然評価されず撃沈したのですが、これらの格言を見た編集者さんが、「本にしてみましょうか」と声をかけてくださったのです。この書籍

は、発売3ヵ月で7万部を超え、その後も19刷まで重版しました。

ここで教えてもらった**「自分ならではの格言を考える」方法は、書籍の構成を考える上でもとても有効**でした。ですので、その後、ライターとしてお手伝いする書籍においても（編集者さんと相談して）著者さんに格言を考えてもらっています。

50本の格言を思いつけば、50本の見出しになります。それぞれの格言について2000字の解説をつければ、10万字の書籍になります。

もちろん、コトはそんなに簡単には進みませんが、その著者さんならではの格言を入り口に取材をするやり方は、書籍に強い言葉をちりばめることができるので、みなさんにもおすすめです。Think5で紹介する企画書をつくるときにも有効だと思います。

格言集をいろんなテーマでつくった結果

余談ですが、このときに髪に関することだけでは100本の格言を思いつかなかった私は、髪型以外に普段自分が考えていることも格言にして提出しました。

そのときに書いた格言が、以下です。

- 思考は気体、言葉は液体、文章は固体
- アイデアなんてゼロ円だ
- 素振りを1万回するより1度試合をしたほうが上手くなる
- 人は「自分で発見したこと」しかできない
- 視点か視座かどちらかにオリジナリティを出す
- 仕事人生のほとんどは失客の歴史

拙著『書く仕事がしたい』（CCCメディアハウス）を読んでくださった方はわかると思いますが、これらの格言は6年後に、別の書籍の原稿に昇華しました。

ちなみに、このときの格言一覧を見ていたら「一貫性のない子どもの教育、万歳」という言葉もありました。この格言のことはすっかり忘れていましたが、この言葉は初めて私が書いたエッセイ集『ママはキミと一緒にオトナになる』（小学館）の骨子になっていたと気づいて、自分でも驚きました。

やはり、**格言を考えることは、自分の書籍の種になる**のだと感じます。

Think

4

私が本を出すチャンスはどこにある？

フォロワーが多ければ本を出せるか

ここからは、私たちが本を出したいと思ったら、どのようなルートがあるかを考えていきましょう。

理想は、「あなたの本をぜひとも出させてください」と見初められることでしょう。でもやはり、そこは相手次第でコントロールできないですよね。自分が頑張れる範囲で、少しでも出版に近づく方法はあるのでしょうか。

ここでは、本を出すためのSNSやブログの活用の仕方、出版プロデューサーの存在、著者ゼミや出版スクールについてお話しします。

先日、ある方から「出版社の方に『本を出したいと思ったら、まずはSNSのフォロワーを増やさないとダメだ』と言われました。どれくらいフォロワーが増えたら売り込みに行っていいですか？」と聞かれました。

これは、出版社によって考え方が大きく異なるかもしれません。SNSのフォロワーが多いことや、インフルエンサーであることが、出版の決め手になることももちろんあります。

しかし、個人的な感覚では**「SNSのフォロワー数が多いから出版決定」と判断されるレベルは、10万、20万フォロワーを超えてから**だと感じます。逆に言うと、5000フォロワーが1万フォロワーになったからといって、即出版となることは、ほぼないように思います。

もちろん、フォロワーが多くて困ることはありません。本の告知をしたときに、目にとめてくれる人が多いのは、少ないよりもずっと良い条件です。ただ、これは多くの出版関係者が言うことですが、**SNSのフォロワー数と売れる冊数は必ずしも相関しません。**実際、ベストセラー著者の中にも、SNSのフォロワーが少ない人や、そもそもSNSをやっていない人は結構います。

これにはいくつか理由があるように思います。たとえば、

- 画像や動画中心のSNSのフォロワーと書籍を買う人は、タイプが違う
- SNSのフォロワーはその人のファンとは限らない
- 無料で提供されているものを、お金を出してまで買おうと思う人がいない
- SNSの短い文章で知りたいテーマと、10万字の書籍で知りたいテーマは違う

などでしょうか。

最後のひとつに関しては、Think3で話した「課題のサイズ感」にも関係すると思います。たとえば、「シャンプーは朝にすべきか、夜にすべきか？」のような問いであれば、SNSや短いブログでさくっと答えを教えてもらえば良いでしょう。つまり、解決すべき問いのサイズが小さいと言えます。

一方「君たちはどう生きるか」や「LIFE　SHIFT（とは何か？）」になると、人生を賭けた課題になります。書籍でみっちり読み込むのに十分な問いのサイズになるというわけです。SNSで人気の人が、必ずしも書籍サイズの課題解決に向くとは限りません。

また、SNSでは時事的な話題が支持されるけれど、書籍はある程度の年数に耐えられる内容が好まれるといった事情もあるかもしれません。

いずれにしても、「フォロワーが多ければ即出版決定」も「フォロワーが多くないと、出版検討の土俵にすらのれない」も、双方言いすぎかなと思います。

ただ、**あなたの文章そのものにファンがついている場合は別**です。Think2で書いたように、ブログサイトのPV数やランキングを参考に、著者候補になりそうな人をスカウトしている出版社もあります。アメブロ出身、はてなブログ出身、note出身……のベストセラー著者も大勢います。

まとまった本数の文章を公開しておくと有利

もし文章を書くのが苦にならないならば、ぜひあなたのコンテンツを公開してください。そのコンテンツが話題になれば、出版への道はぐんと近づきます。しかも1本、2本程度ではなく、10本、50本、100本と書きためましょう。

とくに本を出した経験がない人を著者候補にする場合、編集者は「10万字に相当するコンテンツを持っている人なのか？」と「人に届く強い言葉を持っているか」を気にします。ですから、**100本のブログが書けるほどさまざまなノウハウを持っているとわかり、その人の言葉が大勢の読者に届く強い言葉だとわかれば、十分、著者候補として検討してもらえます。**

もし、企画を持ち込みすることになっても、その実績があるのとないのとでは、採用率が全然変わります。

「大切なノウハウを出してしまって、誰かに企画をパクられないか？」
「一度無料で出したものを、書籍でもう一度読んでもらえるのか？」

といった心配もあるかもしれません。でも、公開していた文章がパクられ、誰かの本になってしまったという話は、少なくとも私はまだ聞いたことはありません。身も蓋もない言い方になりますが、誰かがパクって企画しようと思うほどの文章だとしたら話題になるはずですし、話題になっている文章をパクる人はまずいません。危険だからです。というか、パクって誰かに書かせるくらいなら、あなたに書いてもらうでしょう。

普段から記事を書くとよい、もうひとつの理由
――コンテンツの弱点に気づく

無料のコンテンツが書籍になったときにもう一度読まれるのかに関しては、一考の余地があります。

たとえばそれがエッセイ集で、無料で同じものが公開されていたら、本を買うのをやめようと思う人もいるかもしれません（とはいえ、その場合でも、「〇万人が読んだエッセイ」というキャッチコピーがあるほうが、書籍も売れると思います）。

ですが、ビジネス書や実用書などの書籍をつくる場合には、これまで書いてきたブログの文章をそのまま使うことは、まずありません。なぜなら、１００本のコンテン

ツを書籍の形で読めるものにするためには、「物語化」する必要があるからです（この話はThink13で詳しく解説します）。

ですから心配することなく、大いに発信してよいと思います。発信すると身に染みてわかりますが、無料で提供するにもかかわらず自分の文章を読んでもらうのは難しいものです。ただ、それでもくじけず発信を続けると、自分の課題が見えてきます。

たとえば、

・本にするほどメソッドがない。ブログ5本で言いたいことが終わってしまった
・「あなたのやり方ではできない」と言われてしまう。再現性がないのかもしれない
・対面や動画では伝えられるけれど文章では自分のメソッドが伝えられない。本向きの課題解決ではないかもしれない
・読者がつかない。自分の言葉は人に響かないのかもしれない
・読者がつかない。この課題を解決したい人がいないのかもしれない

などです。

このような課題が見つかったら、「いいね」が多い似た業種の人のブログを読んでみましょう。よく読まれている同職種（想定ライバル）のブログには、きっと、あなた

ができていない工夫がたくさんちりばめられていると思います。

たとえば、

- タイトルが強い。ついクリックしてしまう格言になっている
- 多くの人の悩みについて解説している
- 解決法が「私でもできそう」と思える
- 上から目線で偉そうに書いていない

などに気づくかもしれません。こういった工夫を取り入れて、また書きます。そもそも無料で読んでもらえないものを、有料で買ってもらえるはずがありません。ここは、歯を食いしばって頑張るところです。

ちなみに「文章力」に関しては、あまり気にする必要はありません。実際に本を出すとなったら、文章は編集者やプロのライターが整えることもできるので、そこはあまり重要ではありません。

編集者が知りたいのは、あなたに「コンテンツ」があるかどうか。つまり、課題解決のメソッドがあるかどうかです。コンテンツが魅力的であれば、文章が多少稚拙でも「あなたの本を出したい」となります。

人伝手《づて》で編集者とつながる――ただし人間関係を考えて

もちろん出版社に企画を持ち込むこともできます。企画書の書き方やポイントはＴｈｉｎｋ５・６で解説しますが、持ち込みの方法は、いくつかあります。

友人に著者や書籍ライターがいる場合は、その伝手《つて》を頼って編集者につないでもらうのが一番いいでしょう。活躍している著者やライターであれば、あなたが持っているコンテンツが、編集者に紹介できるものかどうか、ある程度判断できると思います。もし紹介が難しかったとしても、アドバイスをくれると思います。

ただし、人を紹介するというのは、お互いの信頼貯金を使う行為ですから、親しい仲ならまだしも、編集者に対して「話を聞いてほしい」レベルで時間を使わせないことも大事です。

この仕事をしていると、「本を出したいので相談にのってほしい」と言われることがよくあります。お世話になった方のご紹介だと断るに断れず、最初のうちは時間をとってお会いしていました。ですが、「どんな本を書きたいのですか？」と聞いても漠然としていたり、思いつきレベルで話をされることが続きました。

そこで今は、相談にのってほしいと言われたら「まず、企画書を拝見させてください」とお伝えしています。「企画書の書き方は、私のnoteで公開していますので、よかったら参考にしてください」とも添えています。

でも、そう伝えたあとに企画書を送ってくれた人は、一人だけでした。「企画書を」と言った瞬間、「ああ、では結構です」となった人たちの中で、その後、本が出たという話は聞きません。

そのような安易な気持ちで伝手を頼ると、大切な人間関係を壊しちゃうよ。

出版社に企画書を送る

一番、ド正直なのは、出版社に企画書を郵送することです。出版社には、日々売り込み企画が届くので真剣に見てもらえるはずがないとか、封を開けずに捨てられているといった都市伝説を聞くこともあります。

しかし、少なくとも私は、「封を切って中身を確認する当番がいる」とか「持ち込み企画を読むノルマがある」と、複数の出版社の人から聞いたことがあります。

そのような郵便で届いた**企画書の中から実際に書籍になるのは、100冊に1冊とか、1000冊に1冊**などと言われます。ですが、私が知っているだけでも二人の編集者さんが、持ち込み企画を書籍化したことがあると教えてくれました。しかも、その2冊は両方とも大ベストセラーになっています。

いずれにしても、本を出したいのであれば企画書はあったほうがよいでしょう。企画書の書き方はThink5・6で、持ち込みをする出版社の見極め方は、Think7で詳しくお話しします。

また、アクロバティックな手法ですが、**1冊全部書いてから持ち込む**方法もあります。たとえば『ストーリーとしての競争戦略』(Hitotsubashi Business Review Books)や『絶対悲観主義』(講談社+α新書)などのロングセラーを持つ楠木建さんは、書き上げた原稿を持ち込むと聞いたことがあります。著名人だからできることだと言われそうですが、デビュー作からそうだったとおっしゃるので、可能性はゼロではないのだと思います。

出版スクールからデビューする

近年、新人著者さんのデビューの場として存在感を発揮しているのが、著者養成ゼミや出版スクールなどです。ここではすべてまとめて出版スクールと呼ばせていただきます。

たとえば全世界的にベストセラーになった近藤麻理恵（こんまり）さんの『人生がときめく片づけの魔法』（サンマーク出版）は、多くのベストセラー著者を輩出した出版スクールを経て世に出ました。そこでは**本を出したい人たちが、複数の出版社の編集者の前でプレゼン**をします。こんまりさんのときはその場にいた全編集者がオファーしたいと手を挙げたというエピソードが有名です。

このようなスクールは、出版プロデューサーと呼ばれる人が運営していたり、もともと出版社に勤めていた編集者が運営していたり、最近では著者自身が「自分のように本を出して人生が変わる経験をしてほしい」と立ち上げるスクールもあります。出版社が主催するケースもあります。

内容も値段もまちまちで、1日集中講座で企画書を書き上げましょうといったものから、数ヵ月から半年近くかけて企画を練りこんだあと、編集者の前でプレゼンできる権利を保証するスクールもあります。基本的に一人の編集者がみっちりノウハウを教えるところもあれば、次から次へといろんな編集者や著者がゲストでやってきて持論を語るスクールもあります。

私自身、美容の専門書の執筆経験はありましたが、書店に並ぶ一般書籍のデビューは出版スクールがきっかけになりました。このスクールは、グランプリをとると出版が確約されていたのですが、結果的に11人の同期の本が出ることになったのは、先に話した通りです。

このような**出版スクールは、本を出したいけれど何から手をつければいいかわからないという人にはとくにおすすめです。**

スクール選びをする際には、初期費用だけではなく、出版が決まった際の契約についてもしっかりチェックすると良いでしょう。講座費用だけで終了のところもあれば、書籍の印税の何%かをスクールに支払うところもあります。2冊目以降の出版に関しての契約も確認しましょう。

出版社主催の出版スクールのメリット

出版社が主催する出版スクールと、そうではないところの違いは何かと聞かれたことがあります。どちらもそれぞれメリットがありますが、私の場合は、出版社が主催するスクールが自分に合っていたように思います。

というのも、いろんな編集者さんの講義を聞けたので、本づくりについて幅広くノウハウを得ることができました。同時に、幅広いとはいえ**同じ出版社の人たちなので、**

講師が変わるたびに言うことがコロコロ変わるといったことがなく、混乱しなかったのも良かったと思っています。

もうひとつ、**複数の編集者さんからオファー〝されない〟ことも**、私にとってはとてもやりやすかったです。

私の知り合いの著者さんには、プレゼンで複数の出版社の編集者さんからオファーされ、全部の編集部をまわってどこから出すか比較検討したという人が結構います。一番相性のよい編集者と本を出せてよかったという人もいますし、迷って決めるのが大変だった人もいるようでした。

出版社が主催しているゼミだと「あなたの本を出したいと言っている編集者はこの人（のみ）です」と決め打ちされるので、迷う余地がありません。この人についていくのだ！　と覚悟が決まって、清々しかったです。

売り込みのプロに依頼する――出版プロデューサー、著者エージェント

出版スクールとはまた別に、出版プロデューサーや著者エージェントと呼ばれる人

と個別に面談し、「企画をつくる→売り込む」を委託するケースもあります。この出版プロデューサーは、元々出版社に勤めていた方や、スクールの講師だった人、書籍ライターの方などが多いようです。彼らにアドバイスをもらって企画をつくり、企画に合いそうな出版社に売り込みしてもらうのです。

これまた値段も内容もさまざまです。企画書制作のみ請け負います、1本40万円ですというところもあれば、売り込みまでセットで成功報酬100万円という話も聞いたことがあります。出版が決まったときに印税を按分するパターンも多いようです。

実績があって、信頼できそうならば、このような出版プロデューサーの方に相談するのも良いと思います。**凄腕の出版プロデューサーの中には、毎年のようにヒット作をつくられる方も**います。デビュー作はそこまで売れなかったけれど、2冊目を出版プロデューサーにお願いしたら爆発的にヒットしたという話もときどき聞きます。ただ、最近は企画書をつくってもらったけれど納得がいかないからつくり直してほしいと伝えたら莫大な追加料金を請求されたとか、書籍化が決まってから法外な販促費用を要求されたなどの話も聞きますので、しっかりリサーチしてからお願いするとよいでしょう。

では、いよいよ、企画書づくりの話に進みます。

CHAPTER

3

本を出すには企画が10割

「峰子さんの企画、会議を通りました。来年出版しましょう」

その連絡がきたとき、私は徳島駅前のバスロータリーにいました。「本当ですか？　ありがとうございます。ありがとうございます」。電話先でどんなに頭を下げても編集者さんには見えないのに、私は赤べこのように頭を下げ続けました。


峰子さんは、著者を目指すゼミで出会った同期最年長の受講生でした。ご自身で考案されたカラーセラピーのノウハウを本にしたいと、わざわざ福岡と熊本の県境に近い自宅から東京の出版社まで通っていました。

初回のゼミが終わったとき、たまたま九州出張の予定が入っていた私は峰子さんと一緒に羽田空港に向かいました。峰子さんは信じられないくらい大きな荷物を持っています。「これ、何ですか？」と聞くと、デスクトップパソコンだと言います。「私、ノートパソコンを持っていなくて」と、峰子さんは上品な声で言います。講義に必要かと思い、自宅からデスクトップのモニターとパソコン本体を抱えてきたのだとか。

私の母とほとんど変わらない年齢の彼女が、ここまでしてゼミに通っているのだと思ったら、熱い気持ちがこみあげてきました。案の定、飛行機の中でも、小柄な峰子さんはパソコンを持ち上げられずおろおろしています。私は、パソコンを荷物入れに入れる手伝いをしながら、腕にずっしりくるその重さを、彼女の覚悟のように感じました。

ゼミが終わり、その出版社では峰子さんの本は出せませんと最終決断されたとき、峰子さんは見ていられないくらい傷心していました。だから私はつい、峰子さんの企画を預かって他の出版社に持ち込んでもいいでしょうかと聞いてしまいました。峰子さんは飛び上がって喜んでくださり、そして私と同じ気持ちだったであろう同期にも「さとゆみさん、峰子さんのことをお願い。絶対に本を出してあげてね」と、抱きしめられました。

しかし、それからが、長かった。わかってはいたのですが、彼女の持っている課題解決の方法は、書籍向きではないのです。

彼女のカラーセラピーは、色の力を借りて自分の深層心理を探るものです。占い師に占われるような方法ではなく、セラピストに導かれ自分でも気づいていなかった自分の内面を言語化する。自分で発した言葉だから腹落ちする。その画期的手法の素晴らしさは、実際に彼女のセラピーを受けた私たち同期は全員よくわかっていました。

しかし、書籍は書籍のみで読者の課題を解決しなくてはなりません。セラピストを召喚できない書籍で、どうこのメソッドを伝えるか……。

私は彼女に、クライアントに投げかける質問ひとつひとつを書き出して台本にしてもらいました。どうすれば、これを読者が自問自答できるようになるか、先行書籍に類書がないか探して読み漁りました。

そして峰子さんには、このセラピーを受けた人たちがどのように変わったのかブログで毎日発信し続けてほしいと頼みました。彼女は、これまでのクライアントに「ブログにセラピーの感想を掲載させてほしい」と連絡をとりました。そこでそのクライアントたちが語ってくれた「セラピー後に人生がどれだけ豊かになったか」のエピソードには、私も心を打たれました。

「さとゆみさん、私、死ぬ前にどうしても、この方法を世の中に残したいんです」と峰子さんは言います。私だって、残してほしいです。なんとか企画書をまとめ、出版社にアポをとりました。

1社め。「カラー診断じゃないの？　うーん、セラピーかあ。読者が少なそうだなあ……」で、撃沈。

2社め。編集者さんが実際に峰子さんのセラピーを受けて感激してくれたことで、トントン拍子に企画が進みました。ところが、ぜひ書籍化を、となった直後にその出版社が身売りするとの報道。話は白紙に戻り、涙をのみました。

3社め。2パターンの企画書を持って打ち合わせにのぞみました。編集者さんが「なるほど、自分でできるセラピーなのですね」と興味を持ってくれました。そうです。このメソッドを読者が自分一人でできるようにするために、私は峰子さんに新たなセラピー法を開発してもらっていました。自分でできるセラピーに、これまでセラピーを体験した人の物語を交差させていく。実用書だけど泣ける本を目指しますと説明します。

企画書をめくった編集者さんが、大きくカラーコピーした峰子さんのワンピース姿の写真に目をとめてくれました。「この方、70代ですよね。とても素敵なオーラのある方ですね」と、言います。私は、心の中でガッツポーズをしました。企画で見られるのは、本の内容だけではありません。著者がどんな佇《たたず》まいの人なのか、どんなプロフィールを持っているのかも大事な判断材料になります。その全身写真は、一目でファンになってしまうような魅力的な写真でした。「この方、私たちが通ったゼミで全員に愛されていた、すごくチャーミングな方なんです」と、畳み掛けました。

編集者さんは写真をじっと見ながら、「病気や終活に悩む年配層も取り込めれば、可能性があるかもしれません。企画会議にかけてみます」と言ってくださいました。

キタ！

3週間の待ち時間はとても長かった。徳島駅前で企画会議の結果を受け取った私は、ほっとしてその場に座り込んでしまいました。

呼吸を整えすぐに、峰子さんに連絡を入れると、電話ごしにも泣いているのがわかります。「いや、峰子さん、ここからが本番ですからね。終わりじゃないですからね。本ができるまで頑張りましょうね。マジで、それまでは死んだらダメだからね。病気もダメ」。そう言いながら、私ももらい泣きで顔がぐしゃぐしゃです。

電話を切ったあとも嬉しくて泣きじゃくっていたら、警察官に「大丈夫ですか」と声をかけられました。だいじょうぶでずううう。ずっごぐ嬉しいごどがありましたー。鼻水だらけでずびずび答えたら、警察官は、であればよかったですと苦笑いしていなくなりました。

本当によかった。間に合ってよかった。


峰子さんの本は、その1年後に『12色セラピーで悩みがすっと消える』（吉原峰子／主婦の友社）という書籍になりました。その本をきっかけに、全国からそのセラピーを学びたいという人たちが連絡をくれるようになったそうです。さらに発売から1年経った頃には、韓国や台湾からも、翻訳のオファーをもらいました。

この章では、企画をつくるときに、何を盛り込み、どんなことを意識すればよいのかについて考えていきましょう。また、その企画をどこにどのように持ち込めばよいのかについても、これまでの経験を交えてお話しします。

CHAPTER 3 で考えたいこと

Think 5 企画書に必要な要素は何か？

Think 6 どうやって企画を立てるのか？

Think 7 企画はどこに持ち込めばよいのか？

Think

5

企画書に必要な要素は何か？

すべては企画書から始まる

ここからは、普段、私が書籍の企画をつくる際に意識していることを共有します。

まず、このThink5で私が企画書に盛り込んでいる内容を公開します。その後Think6で、どうやって企画を立てるのかを一緒に考えたいと思います。先に「企画書には最低限この要素が必要だ」とわかれば、企画そのものをどのような道筋で考えればよいかもわかりやすいと思うからです。

もちろん、企画書のフォーマットは人によって違うのですが、これまで持ち込みしたどの出版社でも「こんなの企画書と言えるか！」と叱られたことはないので、大筋はおさえていると思います。

ここでは、この書籍『本を出したい』を想定した企画書を例に、解説をします。

企画書のゴールは「通す」こと

私の場合、企画内容をA4用紙1枚でまとめることが多いです。そして仮の構成案

（目次案）をやはりA４１～２枚程度にまとめて計２～３枚で提出します。項目を詳しく見ていく前に、ひとつ重要な前提を確認しておきましょう。

企画書は〝たった一人〟を口説ければよい

みなさんは、企画書のゴールは何だと思いますか？　企画の内容が伝わること？　たしかにそれも重要ですが、最終ゴールはあくまで「企画を通すこと」です。つまり**この本に投資してよい、という投資決定を引き出す**のです。

そして、そのゴールには２つの段階があります。

---

①　持ち込みをした編集者に興味を持ってもらい、**企画会議にかけようと思われること**

②　出版社の企画会議を通り、**本をつくって良いと認めてもらうこと**

の、2つです。

企画の持ち込みというと、ついつい、②を目標にしてしまいがちですが、私が企画を持ち込む際は、①のクリアに全力を傾けます。①を突破すれば、②の会議のための企画書はほとんどの場合、その出版社のフォーマットで編集者がつくってくれます（私は一度もつくったことがありません）。

何が言いたいかというと、100人の編集者に認めてもらう必要はなく、**目の前の編集者一人を口説ければよい**のです。

そして、目の前の編集者が興味を持ってくれれば、そのときはもうその編集者は、②の企画会議を通すための仲間です。②をクリアするために必要な細部は、そのあとで編集者と詰めていけばよいわけです。

次ページから『本を出したい』を想定した企画書を載せ、項目ごとに解説をしていきます。

【さとゆみの企画書】

■タイトル案「著者になるには」「本を出したい」

2023年×月×日

■プロフィール

佐藤友美（さとゆみ）

1976年北海道知床半島生まれ。テレビ制作会社勤務を経て文筆業に転向。ファッション誌の美容ライターとして活躍後、19刷のベストセラーとなった『女の運命は髪で変わる』（サンマーク出版）や『書く仕事がしたい』（CCCメディアハウス）などを執筆。自著はすべて重版している。わかりやすい解説でテレビ・雑誌・講演などの出演オファーが絶えない。

自身の著作のみならず、ビジネス書、実用書などの執筆・構成を手掛ける書籍ライターとして50冊以上の書籍の執筆に関わっている。特筆すべきは、自著・ライターとしての書籍63冊のうち29冊は持ち込み企画だということと、持ち込み企画のほうが重版率が高いこと。過去に通らなかった企画は2本だけ。近年は、日本で最も入塾倍率が高いと言われる「さとゆみビジネスライティングゼミ」を主宰。ライターだけではなくさまざまな職業のビジネスパーソンを「書ける人」に育てている。

■企画の要点
「小説家になる」「脚本家になる」ための指南本はたくさんあるが、非作家のビジネスパーソンが「著者になる」ための指南本はない。これまで何人もの著者のデビュー作を売り込みヒットに貢献してきた筆者が、どうすれば本を出せるのか、本をどのように書くのかを指南する。

■想定読者
・自著を出したいビジネスパーソン（主に、ビジネス・実用・自己啓発分野）
・自分で企画を持ち込んで書きたい書籍ライター

■判型　四六判並製・タテ組・本文1C・256ページ

■類書　なし

■ベンチマーク書籍
『学校では教えてくれないアーティストのなり方』（いたみありさ・2014年）
『書く仕事がしたい』（佐藤友美・2021年）

■ＰＲ案
自身のｎｏｔｅやＴｗｉｔｔｅｒで宣伝できます（それぞれフォロワー約１・５万人のうち、前者は約７割、後者は約半分がライター職）。

テレビ、雑誌、ＷＥＢメディアを中心に献本リストが30件ほどつくれます。

■構成案
はじめに　本を出すのに必要なのは「文章力」ではない
1章　どうすれば本が出るのか？
・そもそも誰が本の企画を考えているのか
・誰がＯＫすれば本が出るのか
・決まる企画はどんな企画か
・本を出しやすい出版社はどんな出版社か
・本を出せる人と出せない人は何が違うのか
・裏ルートはあるのか
2章　本を出したら何が変わるのか？
・紙の本と電子書籍は何が違うのか
・印税はいくらもらえるのか
・会社には伝えるべきか
・売れたら何がおこるのか

・売れなければ何がおこるのか
・売れる本と売れない本の違いは何なのか
3章　本は誰とつくるのか？
・出版社と著者はどんな関係なのか
・著者の仕事範囲はどこまでなのか
・編集者は何をする人なのか
・ライターは何をする人なのか
・本が出るまでにはどれくらい時間がかかるのか
4章　本はどうつくるのか？
・書く前にすべき準備はなにか
・構成はどうつくるのか
・どのように書き進めるのか
・編集者と揉めたらどうするか
・書きあぐねたらどうすればよいか
・タイトルは誰がつけるのか
・装丁に口出ししてよいのか
・プロフィールは何を書けばよいか
・書き終えたあとに何をするのか

タイトルは案でよい——本のコンセプトを短く伝える

では、ここからはそれぞれの項目を見ていきます。

まず、タイトル案はあくまでも案で大丈夫です。なぜなら、タイトルは最終的に編集者が決めるものだからです。この**タイトル案の部分は、「著者は何の課題を解決できるのか」をわかりやすく伝達する箇所**だと思ってください。

たとえば、「生き方」のような漠としたタイトル案は、新人著者が一番つけてはいけないやつです。

私はこのようなタイトルを「巨匠タイトル」と呼んでいます。このような大きな課題に対する解は、「誰がそれを言っているか」がすべてですよね。ちなみに稲盛和夫さんのベストセラー本のタイトルが、まさに『生き方』（サンマーク出版）です。このような大きな課題の解決本の著者は、稲盛さんのように「この人からならば『生き方』について語られたい」と思われる人物でなければならないわけです。

逆に言うと、あなたがつくる本は、あなただからこそ語れるサイズの課題解決になっているのがよいでしょう。同じ「生き方」でも、「年収３００万円時代の生き方」を誰よりも詳しく語れるならば、きっとその企画は採用されるはずです。「大企業で育休を

4回とった僕の生き方」なども、今なら読みたい人が多いかもしれません。

このあたりはまさに、企画をどう発想するかの骨子とも言えるので、Think6で詳しく説明します。

先ほど言ったように、本が出るときには、あなたの担当編集者さんや営業チームの人たちが、売れそうなタイトルを考えてくれます。ですから、ここでつけるタイトル案は文学的である必要はなく、「誰の課題を、どのように解決する本なのか？」がわかりやすいほうがよいでしょう。

92ページから始まる企画書のタイトル案「著者になるには」は、情緒もなにもないタイトルですが、「著者になりたいと思った人にその方法を教える本だ」ということがわかると思います。

世の中には「なるには本」と呼ばれるジャンルがあり、それなりに需要のあるジャンルです。たとえば「保育士になるには」や「俳優になるには」といった本が出ています。ちなみに「作家になるには」というタイトルの本もあります。ですから、「著者になるには」というタイトル案を出しておけば、**ああ、あのタイプの本ね、と伝わる**と考えました。

もうひとつの「本を出したい」は、私が同じ担当編集者さんと『書く仕事がしたい』

という本をつくっていたので、**姉妹本というイメージ**でつけました。「著者になるには」と「本を出したい」は、ほぼ同じ意味ですが「著者」という言葉にピンとくる人は少ないかもしれないと思ったので、別案を出しておきました。

私はタイトル案を2、3案出すことが多いです。「この本が解決する課題」を言い換えすることで、編集者さんの脳内に本のイメージが湧きやすくなると思うからです。

プロフィールは「私が」書く資格

プロフィールはとても重要です。企画採用の決め手になる最重要要素のひとつです。**ただ経歴をつらつら書くのではなく、「なぜ自分がこの内容を書く資格があるのか」と「自分がこのことを書くにふさわしい著者である」を書く**のがポイントです。

前掲の企画書のプロフィールで言うと、さとゆみが、「著者になるには」本を書くのにふさわしい人である根拠を並べています。

・自身も著者であり、自著はすべて重版している
↓当事者ならではの話が書けそう
・ライターとしても本づくりに関わっている
↓当事者以外の角度からも「著者」や「本づくり」を語れそう
・書籍の企画持ち込み採用率が高い
↓企画書の書き方を指南できそう
・かつ、持ち込み企画の重版率が高い
↓良い企画をつくれる人っぽい

自分が持っている経験の中で、「この本を書くのにふさわしい人」である部分だけをかき集め、それらを並べるのがプロフィールです。ですから、プロフィールは、出したい本のテーマによって毎回変えるべきです。

人によっては、その分野での実績がまだ少ない場合もあるでしょう。そのような場合は、定量的な数字の裏付けで語るのではなく、**定性的なコメントでエピソードを入れる**手もあります。

たとえば私のデビュー作である髪に関する書籍『女の運命は髪で変わる』の企画書では、プロフィールにこんなことを書きました。

日本初、かつ唯一のヘアライター。髪が女性に与える影響の大きさを目の当たりにして感銘を受け、ファッション誌では「ヘアページ」の企画しか受けないことを宣言している異色のライター。
15年のライター生活において「髪を変えて変身する企画」で撮影したスタイル数は3万スタイルを超える。撮影現場ではプロの美容師にも的確に意見し、「アドバイス通りに髪を触ると突然見違える」「美容師以上に髪を知っているライター」と評判。
2007年に全国7都市同時中継されていた美容に関するトークセッションにピンチヒッターとして呼ばれ、そこで語った「女性像別、髪の似合わせ理論」が美容業界に激震を起こし、講演の最中からセミナー依頼が主催者の携帯に殺到。以降、年間約80本のセミナーや講演を頼まれるように。セミナーを聞いた全国の美容師ののべ人数は2万人を超え、これは全国の美容師の20人に1人にあたる。

このプロフィールの中の、

・「ヘアページ」の企画しか受けない異色のライター
・「アドバイス通りに髪を触ると突然見違える」「美容師以上に髪を知っているライター」と評判
・講演内容に美容業界が激震
・講演の最中からセミナー依頼が主催者の携帯に殺到

の部分は、数字の裏付けがないエピソードです。なぜ美容師ではないライターの私が髪について語れるかの根拠を「ヘアページに並々ならぬ思いを持っている」ことがわかるエピソードと、「美容師以上に髪を知っているライター」という実際に言われた言葉で（ちょっと弱いですけれど）アピールしています。さらに、

・撮影したスタイル数は3万スタイルを超える
・年間約80本のセミナーや講演を頼まれる
・セミナーを聞いた美容師ののべ人数は2万人を超え、これは全国の美容師の20人に1人にあたる

のような、数字の裏付けがあるエピソードを組み合わせて、なんとか、「この本を書く資格」をアピールしました。のべ人数2万人は多いのか少ないのか業界以外の人にはわからないので、20人に1人と言い換えをしています。

「著者になるには」本と、「髪について」の本、まるで同じ人のプロフィールには見えないと思います。もちろん、意図的に変えているのですが、**プロフィールは書籍の数だけ書き分けるべき**だと私は思っています。

これはなぜかというと、「書籍のテーマ×著者のプロフィールの組み合わせ」がマッチしているかどうかこそが、企画が通るかどうか、そして読者がこの人の本を読もうと決めるかどうかの要だからです。

これに関しては、Think6で詳しくお話ししますね。

Twitter(現X)の1ポストで本を説明するイメージで

企画の要点とは、読んでその名の通りです。この本の企画の骨子を100〜150文字程度でまとめます。ポイントは、この本を読み終わった読者は何を得ることができきるのかを明確にすることです。

前掲の企画書（92ページ〜）でいうと、「どうすれば本を出せるのか、本をどのように書くのかを指南する」と書かれています。このように、読者は何ができるようになるのかを示すことが重要です。

150文字以内で書くのもコツです。150文字といえばだいたいTwitter（現X）くらいのボリュームですよね。これは、書籍の企画に限りませんが、強い企画はエレベータートーク（エレベーターが1階から目的階に行くまでの時間で伝わるくらい短いトーク）で説明できるものです。

もしそれができず、言葉を継ぎ足し継ぎ足し説明しなくてはならないようなら、その企画はまだコンセプトが明確になっていません。

余談ですが、過去最短で企画に興味を持ってもらえたリアルエレベータートークは、「北海道に、どんな小学生でもたった3回の授業ですらすら作文が書けるようにする伝説のおじいちゃん先生がいるんです。その人の作文ドリルとか、どうでしょう」でした。たしか別の企画で編集部に顔を出した帰りに、ふと思いついて話をしたのです。

エレベーターを降りたあと、「え、詳しく聞きたい」と言われ、「たとえば、1行作文用紙や、2行作文用紙を使うんです」「あと、絶対に助詞を使わないのがコツらしいですよ」と言うと、「ぜひ検討したいです」と言っていただきました。その企画はトントン拍子に進みました。

小学生向けの作文ドリルといえば、私が学生時代から有名な著者さんや有名塾のドリルの独壇場でした。新規参入の余地などなさそうに見えましたが、できあがった作文ドリル『小学校6年生までに必要な作文力が1冊でしっかり身につく本』（安藤英明／かんき出版）は10万部を超える異例のヒットになりました。やはり、エレベータートークくらいの時間でビシッと骨子を言い切れる書籍は、企画もすんなり通ることが多いと思います。

誰のために書くのか？——想定読者

想定読者は、その名の通り、この本を（タダなら読んでくれる、ではなく）2000円払ってでも読んでくれる読者層を指します。

ポイントは、30代の忙しい女性とか、60代の定年直前の男性といった漠然とした読者像ではなく、**お金を出してでも解決したい課題がある読者の顔を明確にイメージすること**です。

企画書では、想定読者を次のように書きました。

- 自著を出したいビジネスパーソン（主に、ビジネス・実用・自己啓発分野）
- 自分で企画を持ち込んで書きたい書籍ライター

私は、「自分の本を出したい」という人たちからよく相談を受けます。また、企業で働くビジネスパーソンに「いつか本を出したい」と考える人が多いことを知っていたので、ぱっと彼らの顔が浮かびました。自身が出版スクールに通った経験からも、スクールに何十万円も惜しまず投資する人たちがいるのを知っています。ですから、その方法を1冊にまとめた本があれば読んでもらえるのではないかと想像しました。

さらに、同業である書籍ライターの友人たちも本の出し方を知りたがっていると感じます。自分の魅力的な知り合いの企画を出版社に持ち込んで、一緒に本をつくりたいと思っている書籍ライターは多いものです。自分で企画を持ち込みできれば、仕事も増えます（しかも、やりたい仕事が！）。こういったライターさんたちにも、この本は役に立つのではないかと考えました。

この本を買ってくれそうな知り合いの顔がはっきり浮かんでいると、想定読者の解像度が高まると思います。

書店に置かれているところを想像してみる——判型と類書

残りの項目は、さらっといきます。

判型と書いたところには、書籍のサイズや体裁イメージなどを書きます。最も一般的なビジネス書は、四六判と言われるサイズです。ダイエットやメイクなどの実用書はA5サイズも多いかもしれません。並製本はソフトカバーを指し、上製本と書けばハードカバーを指します。

フルカラーの本なのか、白黒の本のイメージなのかも書きます。ここでいう1Cというのはモノクロ（1color＝1色）本を指します。2Cであれば2色、4Cであればフルカラーです。

想定ページ数も書いておきましょう。書籍の場合、たいてい16ページか8ページの倍数でつくります。書籍は1枚の大きな紙に16ページ分を印刷するつくり方が多いので、紙の無駄をなくすために、16ページの倍数になるのです。

本のサイズや使う色数、ソフトカバーかハードカバーか、ページ数がどれくらいかなどは、そのまま印刷費用と直結します。もちろん企画が進行したら変更する可能性は大ですが、当初の予想イメージを伝えておきましょう。

類書は文字通り、テーマが同様の書籍を指します。**書店をイメージすると、隣に並ぶであろう書籍が「類書」**になります。かなり調べたのですが、「著者になるには」本は、ここ7〜8年では類書はありませんでした。

ベンチマーク書籍の欄は、私の企画書独特の項目かもしれません。編集者さんと会話の糸口になることが多いので、書くことにしています。

これは類書とは違って**「別ジャンルでこんな書き方をしている本があるのだけれど、それをこの分野に応用できないか」**のように、**ベンチマークできる本**を指します。デザインや構成の参考にしたい書籍名を書くこともあります。

PR案は、書籍が発売になった場合、**どれくらい販促に協力できるか**を記します。最近、「インフルエンサー10名の『発売した暁には応援します』の確約をもらってきてください」と言われた著者さんの話を立て続けに聞いて驚きました。近年は出版社も新人著者に投資する予算がないので、販促を著者に頼る度合いが大きくなっているように思います。
「企画を通しますからと言われて話が盛り上がってから、あなたの知名度だと1000部買取しないと出版できません」と言われたという人の話も聞いたことがあります。その方は、「今どきは、どの出版社もそんな感じですよ」と言われて買取に応じたそうですが、断じて、「どの出版社も」なんてことはありません。疑問に感じたときは、ぜひ、周囲に相談してください。

次のThink6はいよいよ、〝あなたの〟書籍の企画をどのように立てるのかについて考えます。

が、その前に、このように作った企画書が、編集者さんの手に渡って企画会議にかかるときにはどう姿を変えるのかもみておきましょう。今回、担当編集者のりり子さんが、この『本を出したい』を企画会議に出したときの企画書を見せてくれました（私も初めて見ました）。次ページの企画書がその抜粋です。

ここで驚くのは、出版社の企画書の「徹底した読者ファーストっぷり」です。項目の並び方が特徴的で、細かい内容を書くよりも先に、まず読者とニーズが前にきています。著者が誰かは、その後でいい。

私が編集者さんを口説くときの「この著者で本を出させて！　読者もきっといる！」

という企画書と比べ、「まず読者、次に読者、そして読者！」の徹底っぷりが勉強になります。

ただ、くり返しになりますが、著者であるみなさんは、この「出版社内企画書」を書ける必要はありません。この企画書は、あくまで編集者さんが企画会議で上司や同僚を説得するためのもの。**私たちのゴールは、「たった一人の編集者さんに、興味を持ってもらう企画＆著者」である**ことを忘れないようにしましょう。

【りり子さんの企画書】

2023年×月×日

■タイトル案「本を出したい」

■想定読者

【性別／世代】男女問わず30代～50代のビジネスパーソン（男女比5：5？）

【具体的イメージ】

・キャリアの一つの到達点として、いつか自著を出したい経営者や起業家

・普段クライアントに伝えているノウハウを本にまとめたいコンサルタント
・実用的なスキルを持つビジネスパーソン（レシピ、時間管理、片付け……）
・ブックライターとして出版社に売り込みたい著者（企画）を持っているライター
・ブックライターの仕事がしたいライター
・企画を立てるときのヒントが欲しい編集者

■企画理由　**※30秒で言うと誰のためにつくる、何に応える本か？**
ビジネスパーソンに、出版実現のために必要なノウハウを伝える

■仮帯文　**※30秒で説明するなら、どんな本か？**
文章力は必要ありません。あなた〝だけ〟のノウハウがあれば、本は出せます。

■著者　**※30秒で説明するなら誰か？**
「著者として自著を出した経験」があり、「書籍ライターとして多数のビジネス書・実用書を執筆した経験」があり、「出版社に企画を売り込み成約させる率が高い（つまり著者を売り込むのがうまい）」超売れっ子ライター。※著者、ライター、編集者、それぞれの立場から本書のテーマを語れる。

以下、「著者略歴」「書籍概要」「仕様」「想定売場（大型店／中小店）」「類書データ」「企画の強み／弱み」「編集方針」「ＰＲ案」「想定部数」「構成案」と続く

Think

6

どうやって企画を立てるのか?

企画書とは自分への問いである

どうやって企画を立てるのか。

これは言い換えると「**何について書けば、ほかならぬ〝あなた〟が、著者になれるのか**」という問いでもあります。

私は、(とくに新人が)著者になるためには、大きく分けて3つの方法があると思っています。

---

① 「自分が日本で一番」と言える市場まで課題のサイズ感を下げる
② すでに類書がある市場に斬新な課題解決法を投下する
③ まだ書かれていないジャンルを開拓する

まずは①から順番に検証していきます。

企画タイプ①　課題のサイズ感を下げる

著者になるひとつめの方法。「『自分が日本で一番』と言える市場まで課題のサイズ感を下げる」について解説します。

ビジネス系のベストセラー書籍を何冊も世に送り出している編集者の方にインタビューさせてもらったとき、「著者が『書ける』ことのど真ん中と、読者の『この人から教わりたい』のど真ん中を組み合わせて、本をつくる」と聞いたことがあります。

たとえば、あなたが資産運用のプロだったとします。

あなたが「書ける」テーマはいくつかあるでしょう。老後の資金はどれくらい必要だとか、マンション不動産運用のテクニックとか。もしかしたら、社員を10人ほど抱えて全国でセミナーを展開する事業を行っているかもしれません。その場合は、中小企業の新卒採用の方法や、セミナーでの講演テクニックなどについても書けるかもしれません。

しかし、その編集者さんによると、大事なのは「その著者の核となるコンテンツを本の核にすること」だそうです。つまり、あなたにとって一番自信のあるコンテンツや、顧客の多いメインコンテンツ、自分しか知らないことが多いコアコンテンツなどなります。

を本のテーマにするわけです。

一方で読者は、「不動産運用のテクニックを教えてもらうのであれば、日本で一番と言われる人から教わりたい」はずです。そのときに、あなたの実績や持っているノウハウが「この人から教わりたい」と思われるものであれば、出版への道はぐんと近くなります。

ところが難しいのは「不動産運用」という大きな市場においては、すでに類書が多数出ていたり、あなたより著名な人がたくさんいることです。その場合は、市場をもう少し限定します。

たとえば、不動産運用ではなく、「500万円で始める不動産運用」ではどうでしょう。これもすでに、自分以外の第一人者が書いているのであれば「20代からできる不動産運用」や「70歳でも諦めない不動産運用」ではどうでしょうか。とにかく、これについては自分が日本で一番解像度高く語れるという分野を探すのです。

ただし、あまりにニッチになりすぎると読者が少なくなります。**「広すぎてレッドオーシャン」ではなく、「ブルーオーシャンだけど狭すぎる」でもないところ**を狙います。

「私の核」と「私が知らない私の核」

あなたが「書ける」ことのうち、一番自信がある「核」を企画にすると良いと言いました。が、舌の根も乾かぬうちに、矛盾したことを言います。

実は、**あなたが「書ける」ことのうち、「一番読まれる」コンテンツに、あなた自身が気づいていない可能性があります。**

ビジネス業界でコンスタントに本を出し続けている著者さんがいます。本業は、マーケター。大企業のコンサルティングや社員研修を多数引き受けています。とても知的かつ温和な方で、一緒にいると何でも話してしまえる空気感を持っています。

その方は自分の会社を立ち上げたときから、いつか本を出せるようになりたいと思っていたそうです。そこで、自分のマーケティングの知識を毎日ブログにアップしていました。

あるとき、顧客から出版プロデューサーの方を紹介される機会がありました。彼はその人に「マーケティングに関する本を出したい」と相談したそうです。その出版プロデューサーさんはひとしきり話を聞いてくれたあと、「毎日インプットを怠らず、ブログを書いて、何件ものクライアントとのミーティングも重ね、コンサル資料もつくる。そのスケジュールはどうやってやりくりしているのですか?」と尋ねてきたそうです。そこで彼が自分のスケジュール管理法について話をしたら、「1冊目は、それで企画を持ち込みましょう」と言われたそうです。

結果的に、その著者さんのデビュー作はタスクとスケジュール管理術の本になりました。その本がヒットして、いくつもの出版社から声がかかるようになり、その後は、本業のマーケティングの書籍も何冊も出版されています。

このように、**「その人が持っているコンテンツの中で、最もオリジナリティがあり、読者が多い」**が、**その人の本業ど真ん中ではないこともありえます。**

そして自分が持っているコンテンツの魅力を、自分は知らないこともまたよくあるのです。

人と話せば知らない私が見えてくる

もうひとつ例を挙げます。私自身の経験です。

私が過去に出版社が主催する著者養成ゼミに通ったのは先に話した通りです。

実は当時、私には自分の本を出したいという願望がまったくありませんでした。ではなぜ著者ゼミに通ったかというと、その出版社の編集者さんたちと知り合いになって、書籍ライターとして仕事をもらいたいと思ったからです。下心がはちきれんばかりです。

応募メールにも「私は書籍ライターで、著者になりたいとは思っていません。御社の本づくりを勉強させていただき、良い原稿を書けるライターになりたいと思っています。聴講だけで結構ですので参加させていただけないでしょうか」と書きました。

ところが。「問題ないですよ、参加してください」と言われたにもかかわらず、「著者になるためのゼミなのですから、書籍の企画を出してください」と言われました。「私には本になるようなコンテンツがありません。知り合いの美容師さんを著者に想定した企画書でもいいですか？」と聞くと、「いやダメです。なんでもいいから、自分の企画をつくってください」と言われてしまいました。

話が違う……と思いながらも、私は自分の人生を棚卸ししました。でも棚卸ししたところで、私はファッション誌の美容ライターから、書籍ライターに転向したばかり。人様に教えられることなど、何もありません。そこで「美容ライターが聞いた、髪についての驚きのあれこれ」という切り口で、企画を出しました。

ゼミの前半、私は「私、美容師さんのように髪も切れませんし、ヘアメイクさんのようにアレンジができるわけでもないんです。本の企画なんて無理です」と言い続けていました。しかし編集者さんは「プロじゃないさとゆみさんだからこそ、読者に教えてあげられることはないんですか？」と詰め寄ってきます。

髪の**プロじゃない私だからこそ、伝えられること……？**

そう考えると、たしかに、ちょびっとあるような気がしてきました。そもそも私は、美容師さんのカットテクニックや薬剤知識を一般の女性たちにわかりやすく解説するページをつくってきました。そして、一般の女性が髪にどんな悩みを持っているのかを毎月ヒアリングしてその解決法を記事にしてきました。髪のプロと一般の女性の間を伝書鳩のように往復して、双方の言葉を翻訳してきたわけです。

ひょっとしたら、プロと素人、両方をよく知っている私だけが気づいていることがあるかもしれない。そう思ったら企画が立てられる気がしてきました。これもやはり、自分が自分の持つコンテンツの需要に気づいていなかった例です。

先ほどのマーケターの著者さんや私は、「どのコンテンツに一番価値があるのか」をアドバイスしてくれる出版プロデューサーさんや編集者さんとの出会いが幸運でした。数多くの本づくりの現場を見てきた人には、この切り口なら企画が通りそう、売れる本になりそうという「**相場観**」があります。そういった目利きにアドバイスをもらうのも、ひとつの有効な方法だと感じます。

企画タイプ②　斬新な課題解決法を投下する

2つめの方法、「すでに類書がある市場に斬新な課題解決法を投下する」についても考えてみましょう。すでにライバル著者がたくさんいて、類書が何冊もある書籍でも、課題解決法が斬新であれば、勝負できるかもしれません。

たとえば、片付け本が一大ブームだった時代に、「捨てる」を指南した『人生を変える断捨離』（やましたひでこ／ダイヤモンド社）がベストセラーになりました。さらに、断捨離ブームの中、「ときめくものを〝残す〟」と指南した、前出の『人生がときめく片づけの魔法』も世界的ベストセラーになりました。

ファッションジャンルで非常に売れた『服を買うなら、捨てなさい』（地曳いく子／宝島社）も、どんな服を買えばいいか合戦になっていたファッション本の中で、ひときわ異彩を放った主張でした。

課題解決方法のオリジナリティで言えば、学習参考書ジャンルの『うんこドリル』シリーズ（文響社）がもう、斬新の極みですよね。小学生がうんこに飛びついて勉強をするようになるとは……。誰も思いつかなかった解決法です。

このように、あなたに斬新な解決法や強いメソッドがあれば、レッドオーシャンのジャンルでも本を出せる可能性があります。

強いメソッドは「AなのにB」

強いメソッドとは何でしょうか。

ある編集者さんは、それを「**一般人にとっての常識が、プロにとっては非常識**であること」と教えてくれました。

たとえば、一般人は、「お金を貯めるには、節約が大事だ」と思っています。でも、お金のプロは「節約していたら、お金は貯まらない」と考えているとします。これが、「一般人にとっての常識が、プロにとっては非常識であること」の例です。

ミリオンセラーになった『さおだけ屋はなぜ潰れないのか？』（山田真哉／光文社新書）は会計学の本ですが、これもやはり、「一般人にとっては、さおだけ屋がなぜ潰れないのか不思議でしょうけれど、会計学のプロから見たら自明ですよ。その謎を解いてみせましょう」という本です。


こういった、プロにしかわからないメソッドを、私は「AなのにB」メソッドと呼んでいます。

拙著、『書く仕事がしたい』にも書きましたが、何かを説明するときのロジックは、基本的に以下の2つしかありません。

① Aだから B
② Aなのに B

この構造を使った文章で、もう少し解説すると以下のようになります。

① Aだから B↓「北海道だから冬は寒い」
読後感は「うん、納得」「そりゃま、そうだよね」など
② Aなのに B↓「北海道なのに冬は暖かい」
読後感は「え？　どうして？」「理由を知りたい」など

もうお気づきかと思いますが、①と②だと、②の「AなのにB」のほうが企画になりやすい。なぜなら**そこに驚きがある**からです。

余談ですが、北海道出身、マイナス44度までは体験したことがある「北海道のプロ」であるさとゆみの実家は、全部の部屋に三重窓がついていて暖房はペチカです。心筋

梗塞や脳卒中などによる死亡者が増える冬の季節に、夏に比べた死亡率が最も低い都道府県が北海道だそうです。家の中の暖かさが死亡率の低さにつながっているのだとか。AなのにBは、意外な話に結び付きますよね。

このような「『AなのにB』が企画になる」という私の持論を新聞記者の友人に伝えたら、新聞社には「犬が人間を噛んでもニュースにならないが、人間が犬を噛んだらニュースになる」という格言（？）があると教えてもらいました。なるほどこれまた「AなのにB構文」です。

みなさんがつくる本も、この「AなのにB」がたくさんあると、もしくはメインテーマになっていると、読みたいと思われる企画になります。

前に話した格言100本も、この「AなのにB」でずらっと並べると、「なになに？どういうこと？　知らない！　読みたい！」となります。

「AなのにB」をどう見つけるか

私が「この人に本を出してもらいたい！」と思う人の企画をつくるとします。

その人は、何かの分野で実績がある人です。たとえば、予約がとれないほどパーソナルスタイリングの申し込みが殺到しているとか、どんな小学生でも3日で作文がすらすら書けるように指導できるとか。

そういう実績を聞いたら、まずは、その人の仕事の仕方を詳しく聞きます。そして、**他の人のやり方とは何が違うのか**を探ります。

先ほどの作文ドリルの著者さんは、「作文では、助詞を書かせない」と言いました。

たとえば、

「花がきれい」

ではなく、

「花　きれい」

と書かせる訓練を徹底するのだそうです。

「作文なのに、助詞を書かせない！」

これは明らかに、「AなのにB」のメソッドです。絶対、理由が気になります。すかさず、どうしてですかと聞くと、作文が苦手な子どもたちの多くは、「正しい日本語を使えているかどうか不安」と言うからだそうです。具体的には、「友達〈が〉プレゼントをくれたなのか、友達〈から〉プレゼントをくれたなのか、混乱する」「私〈は〉と書くときと、私〈が〉と書くときの違いがわからない」など。

そこで、その先生は「助詞をなくしてしまえば、作文が書きやすくなるのではないか」と閃いたそうです。不正解がなくなれば、子どもは安心して文章を書ける。まずは作文に対する苦手意識を取り除く。助詞を教えるのは、最後でいい。それがその先生のメソッドの核になりました。

この助詞の話はその先生の教え方の特徴のうちのひとつにすぎませんが、とにかく、こういう「AなのにB」を、いくつも見つけ出して企画の骨子や格言をつくります。

過去の自分が「AなのにB」を知っている

自分自身で「AなのにB」を見つける方法もお伝えします。

まずは、みなさん自身がこの業界に入ったとき、つまり**新人時代にびっくりしたこと**を書き出してみましょう。その「びっくり」は、読者の感覚に近いはずです。新人時代に困ったことを思い出すのも有効です。昔はできなかったけれど、今のあなたには楽々できること。これが、読者が知りたいことだからです。

自分一人で思いつかなければ、当時の同期とおしゃべりするのもおすすめです。「あのとき、これにびっくりした」「これができなくて先輩に叱られた」といった話を思い出すはずです。

もうひとつは、みなさんが別業界の人や顧客に教えると、驚かれたり喜ばれたりすることを書き出してみてください。

たとえば私自身は髪に関する本を出したいと思ったとき、友人10人に髪に関する悩みをヒアリングしました。その友人たちのお悩みや質問に答えるたびに「ええ！　知らなかった」「むしろ逆だと思っていた！」などと言われたことをメモしていきました。

具体的に言えば、

- シャンプーとトリートメント、お金をかけるなら断然シャンプーのほう
- 髪のツヤ感は、髪の水分量とはほとんど関係ない
- シャンプーしたあとの自然乾燥は、髪がめちゃくちゃ傷む

などなどです。

これらは美容師さんや私にとっては常識ですが、友人たちにとっては驚きだったようです。自分は思ったよりも〝業界かぶれ〟していたと反省し、このリサーチで友人たちに反響があったことを、企画書に盛り込みました。

企画タイプ③ まだ書かれていないジャンルの開拓

3つめの「まだ書かれていないジャンルを開拓する」についても解説します。

これは、**需要があるはずなのに、まだ本になっていないジャンルを狙う方法です。**

実は、私はこのタイプの書籍の企画をするのが好きです。たとえば、自著の『書く仕事がしたい』は、まさにこの手の企画でした。

世の中には文章術の本がたくさんあります。しかし、そもそも「ライターになりたい」と思ったときに、その実態を知れる本が1冊もないことに気づきました。

今でこそ「ライターになるための方法」を書いた本は類書がたくさん出ていますが、2021年の時点では、私の師匠でもある上阪徹さんの『職業、ブックライター。』(講談社)以外に、類書がありませんでした。しかもこの本はブックライター(書籍ライター)に特化して書かれた本なので、それよりは人口が多いであろう、「ライターになるには」本には需要があると感じました。

まだ書かれていない？　それとも、書く必要がない？

ここまで考えたときに、注意しなければならないのが、「読者の不在」です。

実は、「類書がない」というのは、良いことばかりではありません。これまでそのジャンルの本がつくられてきていないのは、そこに需要がないと判断された可能性が高いからです。出版社で企画を通すときにも**「類書がない＝市場がない」とみなされる**ので、企画を通すのは断然難しくなります。必ず「そこに読者はいるのか？」と聞かれるので、**説得材料を複数用意する**必要があります。

『書く仕事がしたい』に関しては、コロナの影響もあって、在宅で気軽に副業ができるライター職に脚光が集まっていました。私は宣伝会議さんが主催する編集・ライター養成講座で講師をしていますが、その年が過去最高の生徒数だとも聞いていました。その講座で一番聞かれる質問が「プライベートとの両立は？」や「最初はどこに売り込みましたか？」や「いくら稼げるんですか？」という質問だったので、〝文章以外〟について書くライター本の需要はあると感じました。

これは本が出版された直後でしたが、「大人がつきたい職業1位はライター」という報道が出ました。ああ、やっぱりと思いましたが、企画時点ではそのようなデータはなかったので、やはり類書がない本を出したいと思ったら説得材料をそろえる必要があります。ちなみに、この『本を出したい』も同じくほぼ類書がありません。

これまで何度か書いてきた『女の運命は髪で変わる』も同じです。2016年当時、書店に置かれている髪についての本は『シャンプーをやめると、髪が増える』（宇津木龍一／角川書店）しかありませんでした（大ベストセラーです）。

雑誌コーナーにヘアカタログはあるものの、そもそも髪についての「本」を置く棚は書店にない。メイク本ならともかく、髪の本なんて絶対に売れないといろんな編集者の方に言われました。

ですが、ある男性編集者さんが、「男の自分でさえ、髪型が決まらなかったら学校に行きたくないと思った経験がある。女性だったらなおさら、髪の重要性を感じているのではないか。僕は、売れなくても、この本を出す価値はあると思います」と言って、なかば強引に企画会議を通してくれました。当時新入社員だった20代の女性編集者さんも、「私は髪の本があったら読みたいと思います」と後押ししてくれました。

結果的に、その二人が担当をしてくださり、髪の本はまさかのスマッシュヒットになりました。

類書のない本は、ある意味博打でもあります。

でも、新しいタイプの書籍をつくって売れたときは、嬉しさが格別です。何が嬉しいって、そのあとに類書がどんどん生まれることです。道ができた、という感じがします。『女の運命は髪で変わる』が売れたあと、私が知るだけでも20冊以上の「髪について」の書籍が生まれました。書店にメイクの棚だけではなく、ヘアスタイル・ヘアケアの棚ができたのを見たときは涙が出ました。

さらにもうひとつ良いことがあるとしたら、**ジャンル初の書籍を出すと、その道の第一人者とみなされます。**テレビや新聞、ラジオなどでも「元祖」の著者は声をかけられやすいです。類書のない本は、うまくいけば、本を出したあとの道が大きく広がっていると感じます。

再現性を担保する――実践できないことは役に立たない

書籍の企画を考えるときに外せないチェック項目があります。それは、「再現性」です。再現性とは、「読者が本に書いてあることを実践できるか」の意味だと思ってください。とくに、**ビジネス書と実用書では再現性は企画の要**です。

もちろん、本を読んだだけで、著者が何十年もかけて習得した技術が、すぐできるようになるわけではないでしょう。でも、少なくとも「やり方はわかった。これを続ければ、変化があらわれるはず」と思えるところまでは、読者を連れていかなくてはいけません。

ノート術や時間術などは、自分でもできそうとか、明日からやってみようかなと思えることが大事です。レシピ本は誰が見てもその料理がつくれることが大事ですし、片付け本やダイエット本は、誰がやっても（真面目にやれば）それなりの結果が出ることが重要です。

先ほどの峰子さんのカラーセラピー本の場合、この再現性の担保が最も大きな課題になりました。本来、峰子さんやインストラクターの人たちが行うマンツーマンのセラピーを、どう読者自身にやってもらうのか。このセラピーは、12色のカードを使うのですが、読者はそれをどう手に入れればよいのか。

再現性を出すために、一人でセッションできる方法を新たに開発してもらったのは先に書いた通りです。そして、12色のカードを書籍の巻末につけて、自分でカットして使ってもらうようにしました。といっても「本にカードをつける」は、印刷費がかかるので、出版社の決断がなければできません。でも、再現性を考えると絶対に必要だと判断していただけて実現しました。

再現性のない本もある

ここまで書いてきましたが、みなさんの中には「必ずしも再現性がなくていいタイプの書籍もあるのではないか」と思った人もいるかもしれません。
正解です。

たとえば、「宇宙はどのように生まれたか」や「フランス革命の知られざる裏側」とか「平安貴族の恋愛事情」のようなテーマの教養書は、再現性を問われるタイプの本ではありませんよね。

このような書籍ももちろん、読者の課題を解決しています。それは「知的好奇心を満たしたい」とか「教養を身につけたい」とか「豊かな読書体験をしたい」といった課題です。

ただし、これらの課題は、「明日からChatGPTを使いこなしたい」といった課題よりも、いくぶん日常からの距離が遠い課題です。「これを読めば、明日からすぐに何かができるようになる」わけでもありません。

このような書籍があることの豊かさは誰もが理解していると思いますし、中にはベストセラーもあります。しかし、残念ながら、すでに実績がある著者さん以外は、なかなか企画が通りにくいタイプの書籍と言えます。

以前、ある編集者さんが「知的好奇心を満たすための本は、悩みを解決する本の10分の1しか読者がいない」と言い、隣にいた編集者さんが「いや、100分の1でしょ」と言っていたのを覚えています。

このタイプの企画は、**先に読者をつくる**ほうが近道かもしれません。まずは自分で発信をして、そこに読者がいるとわかれば、企画が通る可能性もあると思います。もしくは、すでにラインナップがある**シリーズの中に入れてもらう**という手もあります。この方法で著者デビューした方の話を聞いたことがあります。

と言いつつ、このタイプの企画は私自身はつくったことがありません。私にはハードルが高い分野でして、あまりお役に立てずごめんなさい。

本にも賞味期限がある――プロダクト・ライフサイクル

最後に「時間」の話をしたいと思います。

企画を持ち込むときに必ず聞かれるのが、「**なぜ、今、**この本を出すべきなのですか？」という質問です。

書籍はウェブ記事ほど賞味期限が短くないですが、それでもやはり、「202×年に出す理由」に説得力がないと企画は通せません。

この「書籍の出し頃」を考えるとき、私はいつも、**プロダクト・ライフサイクル**を頭に思い浮かべます。プロダクト・ライフサイクルとは、ある商品やサービスの寿命を、**導入期、成長期、成熟期、衰退期**の4つの段階で説明する理論です。

私が書籍の企画を考えるときは、これから出そうと思っている本のテーマが、どの層の人たちまで浸透している概念か、つまり今そのジャンルは、導入期なのか、成長期なのか、成熟期か、はたまた衰退期かを意識します。

ひとつエピソードを紹介させてください。

数年前、ある読書会で、1986年に刊行された大ベストセラー『深夜特急』（沢木耕太郎／新潮社）が課題図書になりました。この『深夜特急』は連作ですが、一作目は香港・マカオ編から始まります。私も学生時代に読んだ刺激的な本です。

ところが、このシリーズを初めて読んだという30代の女性が「素朴な質問なんですけれど、この本って、どこが面白いんですか？　旅行ブログと何が違うんですか？」と発言したのを聞いて、ハッとしました。彼女のこの発言は、本の「出し頃」の本質を突いていると思ったからです。

もちろん、『深夜特急』は、沢木耕太郎さんの観察眼や筆致が素晴らしいことが、書籍の価値の多くを占めます。しかし、それに加えて誰も香港やマカオを旅したことがなかった時代だからこそ、ここまで多くの人に読まれたのもまた事実だと思います。今、香港・マカオについての旅行記を企画に出すとしたら、よっぽどの切り口がなければ無理でしょう。

1986年の時点では、香港やマカオ旅行は、限られた人たちのものでした。この導入期においては、旅行の様子を伝えてもらうだけでも、驚きの連続です。でも2020年代において、海外旅行は多くの日本人にとって特殊なことではなくなりました。成熟期の今、海外旅行について書くときは、「36時間で旅行できる国○選」とか、「5人子連れワンオペ旅行」とか、「最後の秘境」のような角度のついた切り口が必要になると思います。

これは言い換えれば、解決すべき課題が細かくなっているとも言えます。別のジャンルで考えてみましょう。

企画のテーマはその市場でどのタイミングにあるか

たとえばあなたがマーケティングの本をつくるとします。そのときに、今がどのフェーズにあたるのかを考える必要があります。

---

① マーケティングという言葉自体をほとんどの人が聞いたことがない（導入期）
② マーケティングという言葉は知っているがどう仕事に活かせばよいかわからない人が多い（成長期）
③ 仕事で日常的にマーケティングをしているが、もっと効果を上げるにはどうすればいいか知りたい人が多い（成熟期）
④ 情報過多の今の時代にマーケティングは効かない。マーケティングに代わる手法はないのかを知りたい人が増える（衰退期↓変革期）

このように、時代とともに読者の課題は進化、深化、細分化していきます。では、それぞれの時代には、どのような解決策が考えられるでしょうか。

①の導入期には、マーケティングという**新しい概念を伝えること自体が価値**になります。この時代の古典といえば、『コトラーのマーケティング・コンセプト』（フィリップ・コトラー／東洋経済新報社／2003年）でしょうか。2000年代初頭の

マーケティング本の多くは、海外の翻訳書です。

②の成長期は、マーケティングの概念だけではなく、実際にどう仕事に取り入れればよいかの**ノウハウをわかりやすく伝える**書籍、『ドリルを売るには穴を売れ』（佐藤義典／青春出版社／2006年）のような本がヒットしました。日本人著者の書籍も増えていきます。

③の成熟期になると、「**一度はやってみたけどうまくいかなかった**」という**人たちの課題を解決**する本が増えます。『USJを劇的に変えた、たった1つの考え方　成功を引き寄せるマーケティング入門』（森岡毅／KADOKAWA／2016年）のように具体的な成功事例を伝えるような本が売れました。

④の時代は、このジャンルの終焉（もしくは変革）のフェーズです。マーケティング的手法の終焉について説かれた『ビジネスの未来　エコノミーにヒューマニティを取り戻す』（山口周／プレジデント社／2020年）などは、まさにこの時期の書籍といえます。

ただし、この衰退期にパラダイムシフトが起これば、マーケティングの**概念が再定義され**、**また導入期へのサイクルが回る可能性**もあります。たとえば、情報過多の今の時代にマーケティングはもう効かない。マーケティングに代わる手法はないのかを知りたい人に応える『ファンベース』（佐藤尚之／筑摩書房／２０１８年）などは、衰退期を変革期と捉えた1冊ともいえるでしょう。

社会を見て企画をチューニングすればいい

このプロダクト・ライフサイクルを私が意識するようになったのは、自身が出した2冊目の髪の本が期待したほどには売れなかったからです。落ち込んでいる私に、ある編集者さんが、「ジャンルが成熟したからじゃない？」とアドバイスをくれ、なるほど！　と思いました。

私が初めての髪の本を書いたとき、書店に流通している書籍がなかったのは前に書いた通りです。ですから「ファッションでもメイクでもなく、なぜ髪が重要か」という導入期向けのメッセージが売れました。今考えると、タイトルも『女の運命は髪で変わる』という、導入期にぴったりなタイトルでした。

でも、2冊目を出すときには、続々とヘア解説本が出ていました。すでに成長期に入っていたのです。それにもかかわらず、私は1冊目のテーマを深掘りするよう導入期仕様の本をつくってしまっていたのです。

3冊目を出すときは、プロダクト・ライフサイクルを意識しました。そのとき、髪のジャンルは成熟期に入っていると感じました。ですから本のタイトルは『髪のこと、これで、ぜんぶ。』（かんき出版）としました。もう成熟しきっている市場に、「いろいろ情報があって、混乱しますよね。これが最終結論です」「これ1冊ですべて網羅された〝大全〟です」とメッセージしたのです。この本は、現在7刷です。

さて、みなさんがこれから書こうとしている書籍のジャンルは、今、プロダクト・ライフサイクルのどの時点にあるでしょうか。

導入期、成長期、成熟期、衰退期、それぞれの時期ごとに、読者の課題は変わることを意識しながら企画をつくると、採用率が変わります。

Think

7

企画はどこに持ち込めばよいのか？

出版社に持ち込むといえども――出版社の個性

私がファッション誌のライターを辞め、書籍ライターを目指したばかりの頃、ライター養成講座で知り合った編集者さんや、ライターの友人に紹介してもらった編集者さんに企画書を持ち込んでいました。

そのときに、何度か言われたのは、「**これ、うちの出版社向きの企画じゃないと思うよ**」という言葉です。「うち向きの企画じゃない」を詳しく聞くと、その答えは大きく2つに分かれました。

---

① このジャンルはうちの出版社の得意分野ではない（扱っていない）
② このテーマはうちの出版社で扱うサイズ感ではない

まずひとつめです。これは、私もファッション誌で仕事をしていたときはまったく知らなかったのですが、出版社には、それぞれ得意ジャンルの書籍があります。

たとえば、ビジネス書が得意な出版社、暮らしや健康などの実用書が得意な出版社、学習参考書が得意な出版社、タレント本などのエンタメ系が得意な出版社……など。そもそも書籍は扱っていない出版社もあります。

単行本向きの企画、新書向きの企画

過去に二度、一社は100年、もう一社は50年の歴史を持つ老舗出版社で「その出版社初のビジネス書」を担当する経験がありました。どうしてそういうことになったかというと、どちらも雑誌の編集長さんと「この美容師さんの美容本ではなくビジネス書を出したい」と盛り上がったからです。

ファンの多い2人の書籍は、どちらも発売後数日で重版したのですが、普段そのジャンルを扱わない出版社でつくることの難しさを感じる機会にもなりました。

まず、その出版社にビジネス書の営業さんがいません。ビジネス書の読者に届くPR方法もノウハウがありません。もちろん、それがわかっていてチャレンジしたのですが、畑違いのジャンルに飛び込むのはやはり難しいものだと感じました。編集長肝入りの企画ですら難しいのですから、持ち込み企画であればなおさらです。まず、あなたが**持ち込みたい企画のジャンルが得意な出版社をリストアップ**しましょう。

似たパターンで「さとゆみさん、これ、**新書向きのテーマ**ですよ。うち、新書のレーベルがないので無理です」と言われたこともあります。

一般的に、新書は一般書に比べて、時事的な課題や専門的な課題をわかりやすく**入門書として提示するジャンル**だと言われています。面白いのが、一般書がビジネス書、実用書、自己啓発本、教養書……などと分けられるのに対して、新書は扱っている内容がビジネスでも教養でも実用でも、「新書は新書」です。書店でも一般書とは違う棚に並べられることがほとんどなので、新書のレーベルを持っていない出版社から新書は出ません。このあたりの肌感覚は、私は編集者ほどはわかりません。しかし、その方のアドバイス通り、新書を扱っている出版社に持ち込んだところ、すんなりと企画会議を通りました。

売り込み先を変えると状況が変わる

「企画が悪いから通らない」ケースはもちろんあります。けれども「企画は良いけれど、売り込み先を間違っている」ことで、企画が通らないこともあります。

私は、断られたときはなるべく「どこを修正すれば出版の可能性があると思われますか?」と聞くようにしています。そして、「もし、ブラッシュアップして持ち込むとしたら、どこの出版社さんがいいと思いますか?」とも聞きます。もちろん後者の質問は厚かましすぎるので、編集者さんとの関係で言えそうなときしか言いませんが、たいていみなさん親切に教えてくださいます。そこは、編集者さんのほうが圧倒的に相場観があるので、とてもありがたいアドバイスになります。

同じ編集部内ですら、打診する編集者さんによって、企画が通ったり通らなかったりすることもあります。

ある出版社の編集者さんに企画を持ち込みました。その人には「うーん、今、僕がいる部署ではこのタイプの書籍は出さないと思うんだよね」と言われました。お礼を言ってその場を立ち去った数日後、その方が所属する編集部の別の編集者さんと会う機会がありました。

「さとゆみさん、この間、うちの編集部に来てたんだって?」と言われたので、私は企画を持ち込んで断られたことをお話ししました。するとその編集者さんに、どんな企画?　と聞かれたので内容を説明したら、「興味あるなあ。一度、著者さんと一緒に打ち合わせをしてみたい」と言われ、トントン拍子で出版が決まりました。その書籍はその後、5刷まで重版しています。

「この企画はうちでは難しい」と言った編集者さんと、「うちからこの本を出しましょう」と言った編集者さんは同じ編集部でデスクを並べて働く仲です。

何が言いたいかというと、**企画が通るかどうかは、それくらい持ち込んだ編集者さんとの相性による**ということです。読者ファーストが大前提とは言え、最初に口説かなくてはならないのは、たった一人の編集者です。

そのとき興味を持っているテーマや、その編集部で進行している別の企画など、こちらからはあずかり知らないことが原因で、企画が通ったり通らなかったりすることもままあります。

それくらい、出版というのは〝水物〟だと感じます。ですから、一度のトライで諦めずにいろんな人に話を聞いてもらうのがよいと思います。

企画持ち込みをしたことがある人の話を聞くと、一度断られて意気消沈してしまったという人が多いようですが、ブラッシュアップをして別の出版社に持ち込むことも検討してみましょう。

ただし、同じ企画を同時並行で別の出版社（や編集者）で進めるのはマナー違反ですので、次の出版社に持ち込むのは企画がボツと言われてからにしましょう。

出版社によって想定マーケットの規模も違う

「このテーマはうちの出版社で扱うサイズ感ではない」と言われたケースについても解説します。

ある書籍の企画を持ち込んだときに、「その企画は、少し市場が小さいと思うんです。うちの出版社は、10万部を狙える企画じゃないと通りにくくて」と言われたことがあります。逆に、「うちは1万部を目指せる二匹目のどじょうしか狙いません（キリッ）」と、清々しく断られた出版社もあります。

10万部超えを狙う出版社であれば、読者数が少ないジャンルの本は出にくいです。同じお金の本でも、稼ぎ方や貯め方といった本の企画は通っても、個人年金の書籍となると、難しいかもしれません。これは、読者が存在するマーケットのサイズ感に関係します。

自分の本を出したいと思ったときには、自分が伝えたいと思っているコンテンツが、どのマーケットサイズのコンテンツであるかを見極める必要があります。そして、そのサイズ感の書籍の企画が通りやすい出版社であるかどうかを考えます。

Aゾーン
お金に興味がある

Bゾーン
資産運用に興味がある

Cゾーン
個人年金の使い道に興味がある

Aゾーンのサイズ感の書籍づくりが得意な出版社もあれば、BゾーンやCゾーンの書籍づくりが得意な出版社もあります。

もちろん、マーケットのサイズが大きければよいというものではありません。そういったマーケットにはすでに多くの書籍がひしめきあっていますので、競争も厳しくなります。一方、マーケットのサイズが小さすぎれば、商売になりません。しかし、BゾーンやCゾーンでも、そのマーケット内で多くの読者数を獲得できれば、Aゾーンの売れない書籍よりも部数が大きくなる可能性もあります。

ある専門ジャンルのビジネス書の売り込みをしたことがあります。たまたま飲み屋で向かいの席に座った人の話を聞いていて、「この方の話は面白い、本になりそう」と思って企画書を書いたのでした。

最初に打診した出版社では、「企画自体はよいと思うけれど、うちで扱うには、少しジャンルがニッチかもしれない。他の出版社のほうが企画が通りやすいと思う」と言われました。そのアドバイスにお礼を伝えて別の出版社に持ち込みをしたところ、すんなりと企画が通りました。その後、その本のライティングを担当させてもらいましたが、そのジャンルの方々のバイブルのような書籍になり、春になると毎年重版がかかるロングセラーになりました。

私の『書く仕事がしたい』も、ライターになりたい人向けの書籍ですから、ニッチです。ビジネス文章術の本の方が、おそらく読者候補は100倍以上いるでしょう。しかし、ニッチでもそのジャンルで「まず読むべき1冊」になれば、売れる可能性はあります。ニッチなジャンルだからといって、必ずしも出版を諦めなくてもよいと思います。

編集者という存在

ここまで、出版社の特性についてお話をしてきましたが、実際に書籍業界に身を置いて思うのは、とはいえ、出版社も大事だけれど、「どの編集者さんと仕事をするかがすべて」だということです。いや、すべては言いすぎ。でも8割くらい、そう。

2割の編集者がヒット本の8割をつくっている。

これは、書籍業界でよく言われる言葉です。エビデンスはないのですが、何人もの編集者の口から聞いた言葉なので、おそらく遠からずでしょう。中には「1割の編集者がヒット本の9割をつくっている」と言った人もいます。

書籍の仕事に携わるようになって知ったのは、「本は、編集者のもの」ということです。もちろん、本のコンテンツを持っているのは著者です。でも、どんなテーマにするのか。書店のどの棚を狙うか。どの読者層に届けたいか。タイトルはどうするか。装丁はどうするか。どのように売っていくか。そこには、編集者の思想が色濃くにじみます。

ですから、同じ著者の本であっても、編集者によってまったく毛色の違うものができます。小説やエッセイはまた別でしょうが、少なくともビジネス書や実用書などの作家以外の人たちがつくる本は、**「どの編集者のもとで書くか」**が**「何を書くか」**に**ほぼ直結**します。

私は今、自分が編集長をするウェブメディア「CORECOLOR（コレカラ）」で「編集者の時代」という連載コーナーを持っています。ベストセラーを連発する編集者さんにインタビューを重ねているのですが、彼らは究極のこだわりを持って本づくりをしています。そしてそのやり方は、全員まったく違います。

もし、自分が読んで感動した本があったら、ぜひ編集者のクレジットを探してみてください。クレジットを載せない方針の出版社もありますが、あとがきの謝辞で名前が見つかったり、ネットで「書名×担当編集」と検索するとヒットしたりします。

お気に入りの編集者が見つかったら、その編集者がつくった本を4、5冊追いかけて読んでみてください。経験から言うと、面白い本をつくる編集者の本は、どれも面白い。まずハズれません。それくらい「本は編集者のもの」なのです。

編集者の中にはTwitter（現X）やnoteで自身の発信をしている人もいます。この人と仕事をしたいと思ったら、そのような発信をフォローして、たった一人のその人にアプローチする方法もあると思います（実は私も、そうして自著の企画を持ち込みしています）。

いつも企画を探している編集者とは？——編集者のノルマ

企画が通りやすいか、通りにくいかは、**編集者一人あたりの年間の発行点数**にもよります。調査したわけではありませんが、1年間で8〜12冊くらいの書籍を刊行する編集者さんが多い印象です。この年間発行点数は、出版社によっても、編集部によっても、ずいぶん違います。

たとえばサンクチュアリ出版さんは、会社のホームページに「月に1冊ずつしか出さない出版社」と明記されています。兵庫県明石市の出版社ライツ社さんは、社全体で年間4～5冊ほどの刊行だそうです。どちらもベストセラー率が非常に高い出版社さんですが、このように刊行点数が極端に少ないタイプの出版社では、企画も厳選に厳選されるでしょう。

一方で、編集者さんが年間12冊、15冊とノルマを持っている出版社もあります。そういう出版社では、刊行がかなりのハイペースなので編集者はいつも企画を求めています。月1冊ペースで刊行するとなると、そのうち何冊かはフリーの編集者に委託したり、編集作業をまるっと請け負う編集プロダクションに任せるケースもあります。

良くも悪くも出版の商習慣——「再販制度」と「委託(販売)制度」

少し話は横道にそれますが、なぜ編集者に「ノルマ」が発生するのかについてここでお話ししたいと思います。ちょっとお勉強ちっくになりますが、本を出したいと思った人は必ず知っておいたほうがいい話ですので、ここで説明しますね。

書籍は、新本（古本ではない）であれば、何年前に出版された書籍でも、値引きしてはならないという特性があります。

普段の私たちの生活をイメージしてみましょう。洋服は季節が変われればセールになるし、スーパーの閉店時間が近づくと鮮魚に値引きのシールが貼られます。

しかし、書籍は何年まえの本であっても、新本であれば（古本でなければ）、同価格で販売されます。というより、**書籍は、セールをしてはいけない**のです。

これは、昭和28年に改正された独占禁止法で、出版物は例外的に「**再販制度**」を認められているためです。再販制度とは、どこでも、定価販売ができる制度のことを指します。全国どの書店で購入しても書籍や雑誌の値段が（基本的には）同じなのは、この再販制度に守られているからです。

では、なぜ書籍の価格がこの再販制度で守られているのでしょうか。

もしも書籍の価格が自由に決められるとしたら、都会の大型書店などは大量に仕入れて書籍の値段を安く設定できます。一方大量の購入が見込めない地域の書店は、1冊あたりの値段が都会よりも上がってしまいます。東京では1000円で買える書籍が、地方では2000円になってしまうと、地域格差が生まれてしまう。そこで、「書籍は定価で売る」ことが定められたのです。

しかし、セールができないとなれば、書店は売れ残りの在庫を抱えることになります。この問題を解決するために「再販制度」とセットで運用されているのが「委託（販売）制度」です。これは、定められた期間内であれば、書店は売れ残った商品の返品が認められるという制度です。

もし、この委託制度がなければ、書店は「確実に売れる書籍」（たとえば人気の漫画など）しか扱わなくなり、読者数が少ない書籍（たとえば特定の学術書など）は取り扱えなくなってしまいます。**売れ筋だけではなく、さまざまなジャンルの書籍が全国津々浦々に流通しているのは、再販制度と委託制度があるため**です。

そして、この制度は、日本人の識字率や教育レベルの高さに一役買ってきたとも言われています（ちなみにこのような制度は世界でもめずらしく、アメリカやイギリスでは書籍の価格は自由価格。ドイツやフランスでは、半年から2年くらいの期間を経た書籍は自由に価格が決められるようになっています）。

刊行点数が多い出版社をどう考えるか

少し話が長くなってしまいました。一見良いところだらけに見えるこの再販制度と委託制度がなぜ、出版社の書籍刊行点数のノルマにつながるのでしょうか。

委託制度があるということは、出版から1ヵ月、2ヵ月経った頃に、売れなかった書籍が出版社に返本されることになります。一度納品した商品が、戻ってきてしまうリスクがあります。これをわかりやすく別の商品で考えてみましょう。

たとえば、今日、1ケース200円の卵を5000セット売ったとすると、100万円の収入が発生します。その後、スーパーでその卵が売れるかどうかは、売り主には関係ありません。いくらで売られるかも関係ありません。100万円で売れば、100万円の収入になります。しかし、5000セットのうち、3000セットが「売れなかった」と返品されてきたらどうでしょう。その場合、卵の売り主は、スーパーに60万円を返金しなくてはなりません。

では、売り主がその60万円を用意できない場合はどうすればいいでしょうか。そのときは、また次の日に5000セットを売ります。そこでもらえる収入100万円から、昨日の60万円分の借金を差し引いてもらって帳消しにするのです。そして、この日また返品されたら、明日納品する商品で返金分を補填します。

完全なる自転車操業ですが、実は書籍の業界の一部（いや、一部ではないかもしれない）で起こっているのが、この自転車操業です。

納品した書籍が返本されて戻ってきてしまうので、その代わりに新刊を納品する。この場合、新刊が途切れると借金ができてしまいます。そのため、**常に新刊を出し続けなくてはならない悪循環が生まれる**のです。

これは、実際にある著者さんから聞いた話ですが、「決算月である3月までに出版できるのであれば、どんなに荒い企画でも通します。でも、4月以降に出版がずれ込むのであれば、この企画は通せません。内容は何でもいいので、急ぎでつくれますか？」と編集者さんに言われたことがあるそうです（ひどい話です）。

これなどは、完全に「帳尻合わせとしての出版」と考えられます。こういう書籍が増えると、書店は玉石混交の本で渋滞し、結果的に1冊ごとの賞味期限が短くなってしまいますから、自ら首を絞めているようなものです。また、雑につくられた書籍を読んで失望する読者が増える可能性もあります。そうすると、出版業界全体が冷え込んでしまいますから、この「帳尻合わせ本」の存在は悩ましいところです。

誤解しないでもらいたいのですが、一人の編集者あたりの刊行点数が多い出版社が、すべて経営状況が苦しいとか、本を急いで雑につくっているというわけではありません。刊行点数が多くても、丁寧な書籍づくりをしている出版社もたくさんあります。

しかし、業績の良い出版社は、編集者が刊行点数のノルマを持っていなかったり、年間の発行書籍が少なかったりする傾向が強い。これは業界内でよく言われる話です。

ちなみに、刊行点数のノルマがない出版社では、代わりに年間の売上目標があるケースが多いとも聞きます。ある編集者さんから、「うちの会社は、今年出版した書籍の売上だけではなく、過去に担当した書籍の売上も実績に加味される。この評価制度だと、時間をかけて、何年も売れ続けるロングセラーをつくろうというモチベーションにもなる」と聞いたこともあります。

総本山の「本のタワー」——今日の新刊

紀伊國屋書店さんの新宿本店は、立地的にも扱う書籍の点数的にも、書店の総本山とも言える書店です。その2階のフロアには、毎日その日刊行された約200冊の書籍が、ジャンルの区別もなく無造作に積み上げられています。最初、その「本のタワー」を見たときは、震えました。「すでに、こんなにたくさんの本があるのだから、気合いの入っていない本は1冊たりとも出してはいけない」と思わされるタワーです。本を出したいと思っている人には、ぜひ一度訪れてほしい〝聖地〟です。

私も定期的に訪れて震えたり、奮い立たされたりしています。

CHAPTER

4

本をつくるとき私が変わる

「本はいつも、あとがきから読む」と、編集者のりり子さんが言った。この書籍の構成打ち合わせをしていたときのことです。

だいたい「読者の何割くらいが、『はじめに』から順に読んでくれるのだろうか」と議論していたら、「ビジネス書だろうがエッセイだろうが、私はあとがきから読む」とりり子さんが言う。

「うわあ、勘弁してよ。ネタバレじゃん。どうしてあとがきから読むの？」と尋ねると、「著者の思いが一番ダダ漏れるから」とおっしゃる。

「はじめには緊張感や抑制感を持って書くけれど、あとがきは著者の生身が隠しきれなく出るやんな。本全体が生身である必要はないけど、生身のその人を好きになりたいから」

ああ、たしかに、それはそうだ。あとがきには舞台がはけた後の楽屋裏がにじむ。

「でも、さとゆみは、この本のあとがきを最初に書く必要はないからね」

と、りり子さんが言うから、そりゃもちろんと思う。だって、あとがきを書くのが楽しみで、執筆期間を走っているのです。1冊書き終わったときの自分が、はじめにの地平からどれほど遠くまできたのか、どれほど変化したのかを知りたくて書いているのです。最初に書いてたまるものか。

「相対性理論やね」と、りり子さんは言う。

「書いている間に、時間の流れるペースを超えること。本を書くことって、そういうことかもしらへんね」

相対性理論。

たしかにそうかもしれない。本をつくっている間、著者は普段とは違う時空の中にいます。

本を書くことは、自分の何十年分の思考を棚卸しして、高速で別の棚に出し入れすることに近い。かと思えば、涙がこぼれて地面に落ちるまでのわずかな瞬間を、何時間も見つめながら書くこともあります。

時間が収縮し、増幅する。

りり子さんは、本をつくることは繭《まゆ》をつくることだと続けます。

著者自身も、執筆期間というその短い時間の中でまったく違う姿に急成長（変化）して脱皮する。

そして、繭に引き込まれた読者もまた、読む時間という短い時間で違うものになりうる。繭の中の時間もまた、ただ一定のペースで流れているわけではない。

本をつくることの一番の素晴らしさは、これです。

著者は書いたあとに、別の人になる。
読者も読んだあとに、別の人になる。
1冊の本をつくるというのは、時空を超えた旅なのです。

ここからは、本をつくるとはどのような行為なのか。そして、本づくりはどのようなプロセスで進むのかについて考えます。

CHAPTER 4 で考えたいこと

Think 8 書くとどうなるのか?
Think 9 本づくりは誰とする?
Think 10 本ができるまでの道のりは?

Think

8

書くとどうなるのか？

姿を変える言葉——本を書くとはどういうことか？

本を書くという行為は、何に似ているでしょうか。少し考えてみたいと思います。

たとえば、思考は気体のようなものだと感じます。そのままでは、ふわふわ漂って掴みようがない。人に差し出すこともできません。

その思考を口に出して言葉にすると液体になります。入れるコップによって形は変わるけれど、少なくとも人の目に見えるようになる。

文章を書くことは、その液体を固体にするようなものです。ひとたび固体化すると、その思考は時代も空間も超えて人に差し出せるようになります。あなたの本は、10年後に誰かに読まれるかもしれないし、アラスカで読まれるかもしれません。このプロセスは「思考が思想になる」とも言えます。思考は共有できませんが、思想は共有できます。

私は、**本を出すとは、気体だった思考を固体にしてそれ以上変化しない形に固定する行為**だと思っています。とくに紙の本は、本というひとつのパッケージに物理的に固体化するわけですからその側面が強い。ウェブの記事と違うのは、広告が入らないこと。読ませたい順番を提示できること。そして、まとまった分量。

読者と本の間を邪魔するものが何もない。自分が望んだフォントで、自分が選んだ図版を添え、自分が決めた順番に並ぶ文章。本は、完全なる固体です。


そう考えると、本と似ているのは映画でしょうか。

どのチャンネルで流れるかわからないＣＭ映像や、途中でＣＭが入るテレビ番組とは違って、映画はひとつの空間に観客を閉じ込めて頭から順に強制的に「見せる」ことができます。つまり、時間と空間を制することができる。

本は読者の時間を制することはできないけれど、少なくとも空間に関しては全員に同じ商品を提供することができます。


それまで何千人もの前で講演してきた人や、社員をたくさん抱えて指示を与えている社長であっても、本が出るとなると襟を正し細部にまで神経を注ぐのは、その本の完成形が、その人の思想を純度高く固体化したものだからでしょう。

ましてや、その固体に閉じ込められた思想は、もしかしたら自分が死んだ後も生き延びる可能性があります。自分の思考の結晶体ですから、本は自分の分身のようなものです。

姿を変える私――私を発見する体験

もう少し、本を書く行為について考えてみます。

本を書くことは、「知っていることを書く」行為ではありません。もちろん、すでに自分自身がよく知っていることを書く部分もあります。でも、それだけで構成された本はつまらない。セミナーの音声起こしのようなものです。だったら本を読むより、リアルなセミナーに行ったほうがいいよねとなる。

本を書くことの醍醐味は、書いているうちに、自分が持つメソッドの新しい可能性に気づいたり、よりフィットする言語化ができたり、そもそも自分がこの本を出す使命のようなものを見つけたりすることです。

ひとことで言えば「**発見**」です。

本を書こうとすると、この「発見」から逃れることはできません。

書くという行為は、考える行為です。「**考えたことを書く**」のではなく、「**書くから考えることができる**」のです。だから、本を出すときには必ず発見がつきまといます。

発見について、別の角度から考えてみます。

先ほど本を出す行為は、気体を液体にして、さらに固体にすることだと言いました。この「気体から液体にすること」を「液化」といいます。そして、「液体から固体にすること」を「凝固」というそうです。

本の面白いところは、この思考を言葉にする「液化」の段階でも、言葉を文章にする「凝固」の段階でも、必ず新しい発見があることです。

実際の液化も凝固も、強いエネルギーがなくては起こりません。同じように、思考の液化と凝固にも、日常生活では発しないようなエネルギーが必要になります。だから、本を書く作業はものすごく疲れます。人によってはすごく痩せるし、人によってはすごく太ります。いつもと違う大きなエネルギーの出し入れをするからです。

これは、ライターに原稿を書いてもらう場合も同様です。ライターが原稿を書く場合のプロセスはThink9・10で詳しく解説しますが、多くの場合、著者は編集者とライターにインタビューを受けることになります。

編集者やライターから質問を受け、思考を液化する。この段階で、著者はそもそもそれまで一度も考えたことのないトピックについて考えることになります。初めて考えた物事と、今まで考え続けてきた思考とがつながって、化学反応が起きます。インタビュー中には、いわゆるコネクティングドットが何度も訪れるでしょう。脳内にこれまで存在しなかった回路が爆誕します。シナプスがつながり、新しい発見についてくり返し考えるほどに、その回路はどんどん強くなります。

優れた編集者やライターと組めたときは、この液化の段階であなたの思考を最も的確な表現で言語化してもらえることでしょう。そうじゃなくても、その考えはこの表現が近いですか？　それともこちらの表現が近いですか？　と言語化のヒントをもらえるはずです。これは私自身も経験したことがあるのでわかるのですが、本当に得難い時間です。ひたすらコーチングを受けている感覚になるかもしれません。

次の段階では、あなたが口にした言葉を文章化します。液体から固体になる凝固のまさにその瞬間にはライターしか立ち会えないかもしれません。が、それでも自分の思考が固体化された文章を見ることは、貴重な体験です。

自分というブラックボックスの中でうごめいていた思考に、形が与えられています。これほど美しい形をしていたのかと感動することもあるでしょう。いびつだけれど、これが今の自分だと思うこともあるかもしれません。

本を出すことは、費用対効果だけで言うとまったくおすすめできません。ほとんどの場合、本業ほどは儲かりません。

それでも、一度本を出した人は、また出したいと思う人が多い。私も、です。それはきっと、本づくりの過程で得られる自分の成長が、他のどの体験でもできない類の成長だからだと感じます。

この本の担当編集者のりり子さんは、本を書くことは「繭の中に入る」ことだと言いました。

繭の中では時空がゆがみます。繭の中で私たちは考え、突きつけ、突きつけられ、もがきます。そして、繭から出たとき、私たちは別人になっているのです。

しゅわっち。

ChatGPTは「この私」にはなれない、絶対に

もうひとつ、本を書くことに関して、考えておきたいことがあります。

私という〝人間〟が本を書くことの意味です。

ChatGPTが人口に膾炙し、そのうち文章はAIが書くようになると言われてしばらく経ちました。本当に、この先の文章はAIが書くようになるのでしょうか。たとえば書籍も？　私は、そう思いません。その理由はいくつかあります。

まず、ひとつめ。ChatGPTで文章をつくるということは、「すでにわかってい

ること」をまとめる作業です。

しかし、先に伝えたように、本を書く行為は「**書く前には知らなかったことを書く**」という行為です。1行目を書こうとパソコンの前に座ったときすでに知っていることは、その本のスタートラインでしかありません。その先は「本を書き始めたからこそ初めて知ること」を書くのです。これは、ChatGPTにはできません。

余談ですが、そう考えると、重要なのは「集中」ではなく「拡散」だとわかります。集約したりまとめたりする仕事はいずれAIの仕事になります。**今後、人間だからできることは、散らかすこと**になるでしょう。AIの根っこは統計学です。統計からなるべく外れる視点を持つこと。今いる点から、なるべく遠くの点に飛ぶこと、散ること、外れること。これは、集中していたらできません。

おそらく今後の教育も、集中ではなく拡散の方向に向かうと思います。少なくとも、新しい課題解決は、集中ではなく散漫から生まれてくると予感します。

では、「この私」とは何か――人生を持つ存在

もうひとつ。ChatGPTにはできないことがあります。

この本の構想を練り始めた2023年の春、音楽家の坂本龍一さんが亡くなりました。彼の死を惜しむ文章がここかしこでアップされました。誰もが思い出の曲を記し、その曲を聴いていた時代の自分について書いています。

坂本さんを偲ぶそれらの文章を読みながら、私はふと、「ChatGPTなら死なないのにな」と思いました。死なないし病気にならない。そして追悼もされない。

人は自分で思う以上に作品とつくり手の人生を照らし合わせているものです。20代の頃の作品か、どうりで初々しいと思ったとか。作風が変わったのは大病をしたせいかなとか。ただ受け取るだけでも楽しめる作品に「文脈」を見出すと、味わいは変化します。

音楽であれ、絵画であれ、文章であれ、それを生み出した時分の作者に想いを馳せるのは、自分との距離を測りたいという人間の欲求があるからだと感じます。自分と重ねて身近に感じる。あるいは、手が届かない存在だと考える。その近さ／遠さを感じた瞬間、その作品は自分に干渉して、身体の一部になります。

文脈を見出すのも、作者との距離を測るのも、つくり手に「人生」があるからです。ChatGPTには、それがありません。ChatGPTは、生まれないし、死なない。学生時代も、晩年もない。

逆に言えば、それこそが、人間のアドバンテージになります。

これは最終CHAPTERの話につながりますが、だから本を出したあなたが、この先も本を書き続けたいと思ったら「誰が書いた本か」を問われます。何を言うかはもちろん重要です。しかし、**今後は「誰が言ったか」「いつ言ったのか」「なぜそう言うことにしたのか」で、人間の証明をしていく時代になる**でしょう。

「なぜそう言うことにしたのか」とは、その結論にいたったプロセスのことです。私たちが本を読むとき、実は結論だけではなく、「そのメソッドを導き出すにいたったきっかけ」や「結論にいたるまでの紆余曲折」に興味を持って読み進めています。ネットの短い文章では、なかなかそのプロセスまで伝えることができません。本とはそういった自己開示に向いている伝達手段なのかもしれません。

書籍の業界ではよく、「オムニバス本は売れない」と言われます。オムニバス本とは、さまざまな著者の文章を1章ずつ並べたような本です。インタビュー集も一種のオムニバス本ですが、これがなかなか売れません。これもやはり、「一人の人の思考プロセスをゆっくりと追体験する」という〝本ならでは〟の面白さが、オムニバスでは目減りするからかもしれません。

「誰が言ったか」「いつ言ったのか」「なぜそう言うことにしたのか」

それが問われる地平では、ひょっとしたらネガティブな出来事もあなたのアドバンテージになるかもしれません。辛い経験を経たことが読者に選ばれる理由になるかもしれません。

著者でい続けること、つまり**書き続けることは、太く深くしつこく生き続けることにほかならない**と感じます。

「本」はなぜ特別なのか

もうひとつ、「本ならでは」の特徴を考えてみたいと思います。

Think1で、今は自分の文章を売ろうと思ったら、さまざまな方法があると言いました。必ずしも出版社を通す必要はありません。紙に刷る必要もありません。

それでも私たちが、「出版社から出版される紙の本」に一定の信頼と敬意を持って接するのはなぜでしょうか。

私は、関わる人たちの多さと誠実さ、心を砕いた時間を、本1冊ごとに感じます。本づくりに関わっていると、「1冊の本に、ここまで手がかかっているのか」と驚かされることがよくあります。

ある装丁家の方に勉強会をしてもらったとき、その方は、「本には3つの時間が流れる」と言いました。書店に並んでいる時間。読者が読んでいる間の時間。読了後自宅の本棚に並ぶ時間。この3つの時間を想定してデザインをするそうです。

たとえば、書店で目にとまるカバーデザインを。読書中は読みやすいレイアウトを。本棚に長く置きたいと思わせる背表紙を……といったように。

その方は、書籍に使う紙の紙質や厚み、フォントや色、本文のレイアウト次第で、読者の読書スピードをある程度コントロールすることもできると言いました。さくさく読んでほしいのか、あえてゆっくり読ませたいのか。ここでは絶対一息ついてほしいのか。普段見慣れた書籍には、そういったプロの技が隅々に行き渡っています。

校正者の牟田都子さんの『文にあたる』（亜紀書房）を読めば、1冊どころか、書籍の1文字1文字にいたるまで、時間をかけて精査されていることがわかります。たった1文字の修正を指摘すべきかどうか、何冊も辞書を読み比べ、国会図書館まで足を運び過去の文献にあたって調べるさまを知ると、生半可な気持ちで本を出そうと思ってはいけないと背筋が伸びます。

牟田さんは言います。「校正者にとっては百冊のうちの一冊でも、読者にとっては人生で唯一の一冊になるかもしれない」。そんな想いであなたの本を校正してくれる人がいる。それが本づくりなのです。

私自身も著者さんの言葉を預かって書くライターとして、可能な限りの工夫を重ねています。たとえば、同時並行で2冊の本を書かない。これは、書いている間、なるべく一人の著者さんの思考だけに染まりたいからです。俳優さんの役づくりのようなものでしょうか。

執筆中は、インタビューの文字起こしから原稿をつくるだけではなく、何度も著者さんのインタビュー音声を聞きます。なるほど、この方はこういう言い回しをする方なのだと体に叩き込むのです。マッチョな著者さんの原稿を書いているときはヒゲが生えてきたり、セクシーな著者さんの原稿を書いているときは胸が大きくなったりすることもあります（本当です）。

編集者にいたっては、いわずもがなです。ベストセラーを出した同業者の話を聞く勉強会が、ここかしこにあります。それらは大抵、就業時間外のプライベートな時間に行われるので、みな自主的に勉強をしているわけです。

なぜ秘伝のスープのつくり方をライバル会社の編集者に開示してしまうのか、最初は不思議でなりませんでした。でも良い本づくりをする編集者さんたちはみな、「読者が本を読む体験を素晴らしいものにしたい」と考えています。読書を楽しむ人を増やしたいという意味では、ライバルではなく同じ目標に向かう同志なのかもしれません。

そんな**プロフェッショナルな集団の「心砕き」の結晶が、1冊の本**なのです。

もちろん、すべての本がこのようなプロフェッショナルに支えられているとは限りません。最近では校正の入らない書籍もあると聞きますし、編集者からの修正は皆無で出版されたという話も聞いたことがあります。

それでもやはり、「一度刷ったら、おいそれと修正できない」書籍ならではの緊張感は、みなが背負っています。この緊張感こそが、これまで本の信頼性を担保してきたのではないかと思います。だからこそ、その末席に加わる際は、自分も襟を正して臨みたいと思うのです。

Think

9

本づくりは誰とする?

本づくりの前工程——企画を通しチームをつくる

出版社によって、多少の違いはありますが、書籍の出版までのスケジュールに沿って、本づくりの過程を見ていきましょう。

まずは、企画会議を通るまでのプロセスです。

---

①編集者が、著者候補に企画の打診をする
②編集者と著者、事前の打ち合わせ
③編集者が企画書をつくる
④編集者が出版社の企画会議にかける

編集者が「この人でこのようなテーマの本をつくりたい」と思ったときは、企画会議を通してから著者候補の人に依頼するのではなく、事前に著者候補の人に出版の可能性についてお伺いを立て、OKされたら一度会って企画会議に向けた打ち合わせをするケースがほとんどです（①②）。

編集者が著者に書籍の依頼をする場合は、「このテーマについて書いてほしい。可能ですか？」というざっくりとした依頼をする場合もあれば、想定目次案まで書き込まれた詳細な依頼書を添付するケースもあります。

私も著者として、過去に15社ほど出版の打診をもらったことがあります。SNSやホームページに書かれたメールアドレスやお問合せフォームから連絡がくることがほとんどです。

「50代、60代向けのヘアケアについて書いてほしい」くらいの大まかな設定のみで打診がくるケースと、想定目次案まで添えられた依頼書が添付されているケースと、7：3くらいだったでしょうか。

いったん、そのテーマで本を出すことに興味があるかどうかを聞かれ、実際にお会いしてみたら、そこで企画書を提示されるというケースが一番多いかもしれません。

著作やウェブでの連載が増えてからは、「さとゆみさんと何か本をつくりたいのだけれど、最近はどんなテーマが気になっていますか？」と聞かれることも何度かありました。

いずれにしても、企画会議にかける前に編集者が著者とすり合わせをして、著者から最新の情報を聞きながら企画書をつくります（③）。

この依頼の時点で、想定部数や想定印税率についてもなんらかの話があるはずです。といっても、書籍は完成してみないと部数や価格が決まりませんので、正確な価格や部数はこの時点では提示されないことがほとんどです。契約書もこの時点ではつくらないケースが多いです。

でも、企画会議を通す前に、お金周りの話が一切出ない場合は注意が必要です。もし依頼を受けたら、だいたいでも良いので、想定している部数と印税率を聞きましょう。

初対面の打ち合わせは熱い――録音がおすすめ

もうひとつ、この事前の打ち合わせで重要なことがあります。この編集者さんとの初対面のときの打ち合わせを、なんとしてでも「音声録音」しておいてほしいのです。

というのも、この「**初対面の顔合わせ**」**のときが、書籍の根幹となる一番大事な話を熱く語っている**ケースが多いからです。ライターとして仕事を受ける場合、初回の顔合わせの音声が残っていると、著者の想いがはっきりわかってとてもありがたいです。

編集者が初回から音声を録音していいですかと聞くのはひょっとしたら難しいのかもしれません。だとしたら、著者のほうで音声をキープしておいてほしいです。たとえその企画がお流れになったとしても、自分がどんなコンテンツを持っているかを編集者に語っている音声は、のちのち必ず役に立ちます。

もしもライターに頼まず自分で書こうと思っているなら、なおさら、編集者との打ち合わせは全部録音しましょう。自分で本を書くタイプの著者は、編集者との打ち合わせ内容を録音して、テープ起こしをして素材にしている人が多いです。自分の頭から出てくることよりも、編集者に質問されて出てくることのほうに、新しい発見があったり、ブレイクスルーがあったりします。その**気づきが、書籍の核になる**ことはしばしばあります。

少し話はそれますが、講演やセミナーをする著者の中には、質疑応答の部分だけ録音している人が結構います。講演やセミナーは自分が話を進めるので毎回似た内容ですが、質疑応答は会場ごとに違います。そこで出る質問が、読者の悩みを代表していることもあります。そこに次の企画の芽があることも多いそうです。

企画が通らなかったときに大切なこと

Ｔｈｉｎｋ４で書いたように、著者サイドが編集者に企画を売り込み、編集者が興味を持ったら、企画会議に出すケースもあります。

この場合の売り込みは、フリーランスの編集者や、出版プロデューサーと呼ばれる人がする場合もありますし、私のようなライターが「この間、ウェブ記事で取材した人がとても面白かったのだけれど、書籍もいけそうです」と持ち込むこともあります。もちろん、著者本人が伝手を頼って売り込みをすることもあるでしょう。出版スクールでプレゼンすることもあります。

編集部に持ち込みをした場合も、プレゼンを経て企画に興味を持たれた場合も、編集者との打ち合わせでテーマや内容が変更になることは多々あります。編集者は、その著者が持っているコンテンツの価値を最大化したいと考えていますから、みなさんが持ち込んだ企画よりも、別の切り口のほうが読者が多そうだとなったら、それで社内の企画会議にかけたいと言われることもあるでしょう。

いずれにしても、打ち合わせで合意した内容が編集部の企画会議にはかられ（④）、そこで企画が通れば、いよいよ書籍をつくる準備に入ります。

もちろん、編集者と著者が意気投合してつくった企画が、企画会議を通らないことも、ままあります。その場合はそこで諦めるときもありますし、企画をブラッシュアップして再度チャレンジすることもあります。

これはとても細かいことですが（でも重要なことですが）、もし、企画会議に通らず今回は出版を諦めるとなった場合は、**その出版社で編集者と練った企画を引き取らせてほしいと伝える**といいでしょう。

編集者と一緒に練った企画は、それなりに精度の高いものです。Think7で話したようなさまざまな事情（出版社による目標部数やノルマ冊数の違い）で日の目をみないとしても、他の出版社から見れば珠玉の企画に仕上がっていることもあります。

本が出ないのであれば、と、その企画を別の出版社に持ち込むのもよいと思います。A社用につくった企画がボツになったので、B社に持ち込んで出版した著者さんを、私は何人も知っています。

それは不義理でもなんでもないと思いますが、企画が通らず頓挫したときに「では、別の出版社に打診してみますね」とひとこと伝えておけば、のちのちトラブルになることもなく（自社で通せなかった企画なので、ならないと思いますが）、その編集者さんも応援してくれると思います。

チームをつくる――書籍ライターとは

次のプロセスは、著者には見えないプロセスです。

⑤ 企画が通ったら、編集者がライターを決める（著者が自分で書かない場合）
⑥ 編集者とライターの事前打ち合わせ（この前後で想定構成案がつくられる）

企画会議を通ったら、編集者はスタッフの布陣を考えます（⑤）。ライターが入る場合はここで打ち合わせをします（⑥）。

普段から自身で発信し、書くことに慣れている著者の場合、自分で原稿を書くケースもあります。その場合は、原稿が完成するまで編集者と著者の二人三脚になります。編集者の中には、「なるべく著者本人の言葉で書いてほしい。拙い部分は編集者がフォローする」とか「基本的に自分で書ける著者にのみオファーする」というポリシーの編集者もいます。学術書などのジャンルは、著者本人が書いているケースが多いです。

昨今は初版部数がどんどん減っています。ライターを入れる予算が立てにくくなるでしょうから、今後は「書ける著者を優先する」傾向が高まるかもしれません。ただ、「はじめに」で書いたように、現在のところはビジネス書や実用書の7～8割程度はライターが入っている印象です。

書籍のライターは、過去には、ゴーストライターとして隠すべき存在だと思われてきた時代もありました。しかし、今では「世に対して、有益なコンテンツを持っているのが著者の存在意義。文章を自分で書くかどうかは本筋ではない」という考え方が定着しています。

謝辞でライターを名指しにする著者も多くなりました。今では、ゴーストライターではなく、「書籍ライター」や「ブックライター」などと呼ばれます。

ちなみに、アメリカなどでは、書籍ライター（ブックライター）は翻訳者と同じように、表紙やカバーに著者と並んでクレジットされることも多いようです。日本ではそこまでライターの存在を前面には押し出しませんが、奥付やスタッフクレジットで「執筆」「執筆協力」「構成」「編集協力」「ライター」「ブックライター」などと書かれるケースがほとんどです。

執筆のプロ、書籍ライターの仕事

自分で書くケースも、ライターに書いてもらうケースも、それぞれ一長一短あります。

まず、ライターと仕事をする場合、メリットは何といっても「話すだけで原稿が仕上がってくる」ことでしょうか。

私はもともとライターなので、自著も共著も自分で書いてきましたが、10万字前後の原稿を書くのは至難の業です。私はファッション誌のライターを15年やり、インタビュー原稿もそれなりに書いてきました。しかし、10万字の書籍のライティングはそれらとはまったく別物です。書籍ライターに転向する際には、その道の第一人者のブックライター塾を受講して勉強をしました。

その経験から思うのは、**書籍ライティングにはある種の特殊技能が必要**だということです。15年ライターをしてきた私でも、自己流では難しいなと感じました。

また、執筆には、それなりにまとまった時間もかかります。私の場合、インタビューをもとにした著者さんの本であれば、10万字の原稿を書くのにだいたい50〜60時間かかります。これが、自著となると100時間近くかかることもあります。が、慣れていない人は、この数倍はかかるのではないでしょうか。

先日、大企業に勤めたまま著者になり、過去に3冊を自分で執筆した人に話を聞きました。その方は、3冊の書籍すべて最後まで書いたあとに、結局頭から全部書き直しをしたと話していました。この時間を、本業を持ちながら捻出するのは並大抵のことではないと思います（だって、著者になる方は、本業で活躍されているからこその著者です。通常業務が立て込んでいる人たちですよね）。私たちライターのもとには、「最初は著者が書こうとしたのだけれど、やっぱり難しくて」という依頼がよく舞い込んできます。

ひょっとしたら、ライターが原稿を書くことに抵抗を感じる人もいるかもしれません。ですが、表紙のデザインや書籍に入るイラストや写真を自分で全部用意しようとは思いませんよね？　それと同じくらい、10万字のライティングも特殊技術だと思ってもらうといいかもしれません。

書籍ライターが入るメリット――インタビューされ、言語化してもらう

ライターと本をつくると原稿執筆面でのメリットが大きいのですが、実は、それ以上に大きなメリットが2つあります。

そのひとつは、**インタビューをしてもらえる**ことです。

たとえばあなたが、セミナー講師だとします。セミナーのプレゼン資料や、ワークショップのやり方は、あなたの手元に十分そろっていると思います。

けれども、それらの素材は「すでにあなたが知っている情報」です。すでにあなたが知っている情報だけで書籍をつくると、それは、本家本元のセミナーを絶対に超えません。

ところが、そこにインタビュー取材が入ると話は別です。**あなたが考えたこともないような質問**をされ、それに対して答えているうちに、あなたがこれまで考えたこともなかったメソッドが生まれたり、これまで取りこぼしていた潜在顧客を取り込む方法を思いついたりします。

2つめは、**言語化をしてもらえる**ことです。実は、数々の名著に鎮座する著者の名言は、著者が言った言葉を「**つまり、こういうことですか？」とライターが言語化**を手伝ったケースが多々あります。

ライターは言葉のプロです。ですから、みなさんが言いたかったことを、別のより適切な言葉に置き換える手助けをしてくれます。

言語化できるとは、世界中のどこの誰に対しても、書籍を通してあなたの思想をブレなく届けられるということにほかなりません。素晴らしいライターは、この言語化をサポートしてくれます。

この言語化の効用は、①普段「感性」で勝負をしている人、②「身体」が覚えているぜタイプの人、③「コード」や「数式」で伝達をしている人に、とくに顕著です。

私は書籍ライターとしては、①デザイナーやアーティスト、②アスリート、③理系やIT分野の原稿を優先的にお引き受けしています。それは、この分野の言語化に面白さと価値を感じるからです。

このようなジャンルの著者さんたちは、本を出したあと、「自分の考えを人に的確に伝えられるようになった」と言う方が多いです。これは、**自身が感覚的に捉えていたことを、ライターとのやりとりで言語化**できたからにほかなりません。

書籍ライターが入るデメリット——ライターとの相性、ライターの能力

もちろん、ライターと組むデメリットもあります。

先ほど「素晴らしいライターは言語化をサポートしてくれる」と言いましたが、相性が合わないときもあります。自分で言葉を紡ぐほうがフィットする人もいるでしょう。

また、話すよりも書いたほうが思考がまとまる（もしくは、いろんなことを思いつく）タイプの人は、自分で書いたほうが良いかもしれません。実は私も、書くときにどんどん新しい発見をするタイプなので、自著は自分で書く派です。

ちなみに私は自著『女の運命は髪で変わる』を書くとき、ライターさんにインタビューをしてもらい、テープ起こしをしてもらった文章をもとに自分で原稿を書きました。

これは「インタビューしてもらうメリット」と「自分で書きながらいろんなことを思いつくメリット」の両方のいいとこ取りをしたかったからです。そのときの編集者さんには、「ライターさんへの謝礼は自分で支払うので、インタビューとテープ起こしだけ、ライターさんにお願いしたい」と相談しました。

実はこの方法をとっている著者さんを、私は何人か知っています。自分で書くのが好きな人は、この方法もおすすめです。

ライターに原稿を託す場合の最大のリスクは、書籍ライター全員の腕が確かかというと、残念ながらそうとは言えないことです。ライターが書いた原稿を頭から書き直したという編集者さんの話もよく聞きます。これればかりは、蓋をあけてみないとわかりません。

安心して頼めるライターにお願いしたいのはやまやまですが、書けるライターには常に仕事が殺到しています。頼めるのは半年後といった話もめずらしくありません。

ビジネス書のヒットメーカーとして有名なある編集者さんは、「著者さんと約束している企画は20冊くらいあるけれど、書けるライターがいなくて4、5年止まったままのものが多い」とおっしゃっていました。

このままでは素晴らしいコンテンツを持つ人がいてもそれを書籍化できなくなってしまうと、私の師匠の上阪徹さんなどが後進の育成に尽力されていますが、それでも需要に供給が追いついていない状況です。

リアルな印税の話

そして、もうひとつのデメリット。**ライターに原稿を書いてもらうと、著者が受け取る報酬が下がります。**

書籍の印税は大抵8〜10%の間ですが、ライターが原稿を書く場合はその印税を2人で按分することになります。この印税按分は本当にケースバイケースで、編集部ごとに違うのはもちろんのこと、同じ編集者さんでも本によって1冊ずつ違います。

だいたい、著者：ライター＝5：5から7：3くらいまでの間でしょうか。初版時はライターが原稿を書く負担が大きいので、著者：ライター＝5：5。重版以降は著者の販促活動も増えるので、6：4にするなどの契約もあります。

ライターに原稿料を一括で支払うときもあります。その場合は、重版がかかってもかからなくても50万円なら50万円で支払い完了。重版以降の印税はすべて著者の取り分のような契約をします。

さて、このライターと按分する印税や原稿料、安いと思ったでしょうか、高いと思ったでしょうか。「え？　ライターが印税の半分も持っていくの？」と思った人もいるかもしれません。ですので、少しライター側から見た話もお伝えしておきます。

私もファッション誌から転向して初めて知ったのですが、書籍ライターは本が売れなければ、まったく稼げません。10％の印税を著者と折半するとしたら5％ですが、1600円の書籍が5000部でスタートして重版がかからなければ、もらえる金額は40万円です。私は執筆スピードが速いほうですが、年間に担当できる書籍はどんなに頑張っても10冊が限度です。ですから、重版がかからなければ文字通り食べていけません。

これがもし印税4％とか、3％とか、新書なので1200円ですと言われたりしたら、時給換算すると最低賃金の半額くらいになるでしょう。

以前、子ども向けの1000円の書籍のライティングをお手伝いして実入りが16万円だったこともあります。取材も含めコミットした日数は約30日間でした。ファッション誌であれば16万円分の原稿を書くのは1日あれば十分です。取材を入れても最大3、4日で仕事は終わります。それに比べて書籍は条件が過酷なので、よっぽど書籍に思い入れがないと、この業界のライターはできません。

著者さんの中には、書籍の出版は本業ではないので（そして印税収入は会社の営業利益に比べたら微々たるものなので）、ライターに印税を全額渡してくださいという方もいます。

もちろん、それを著者のみなさんにお願いしたいわけではありません。が、みなさん自身が、「40万円渡すから、事前に過去の講演録やブログをすべてチェックし、10〜20時間インタビューして10万字の原稿を書いてください」と言われたら、どうでしょうか。初版印税の5％を渡すのがもったいないとは思わないのではないでしょうか。著者とライターは、お互いにリスペクトを持って仕事ができるのがベストだなあと思ったので、ライター側の話もしてみました。

さて、ここから先は、実際に原稿をつくっていく過程です。Think10に進みましょう。

Think

10

本ができるまでの道のりは？

原稿をつくる工程——取材と執筆

さて、ここから再び、著者に関係のあるスケジュールです。いよいよ取材がスタートします（⑦）。

⑦編集者とライターが、想定構成案に沿って、著者にインタビューする
⑧インタビューを元に、編集者orライターが構成案をつくり直す
⑨構成案を元に、ライターが原稿をつくる

構成案のことは、目次案という出版社もあります。

私がライターとして依頼を受けるケースでは、打ち合わせの時点で想定構成案が決まっていることがほとんどです。

ただし、**想定していた構成案通りに本ができることはまずありません。**少なくとも、私が担当した52冊に関しては、構成案通りに書籍が仕上がったケースは1冊だけでした。取材を重ねる中で、「この話を骨子にしよう」「章立てを入れ替えよう」くら

いならまだしも、「テーマを変更しよう（！）」もしょっちゅう起こるのです。

初めての書籍で、変更ごとが多いとびっくりするかもしれません。でも、むしろ、構成案どおりの構成のまま書籍になるとしたら、むしろそのほうが要注意です。それは、取材前の想定を超えられなかった証拠。もっといえば、取材で新しいことをひとつも聞けなかったと同義です。

ですから初期の構成案から内容が変わっても心配せず、むしろ想定以上にたくさんのエピソードを引き出してもらった。それによって、より良い書籍になると考えるのがいいでしょう。

細かい話ですが、インタビューの回数やペースは人によってさまざまです。3時間×4回で1週間おきに行うといったケースもあれば、1、2日で一気に話を聞いてしまうケースもあります。前者の良さは、そのつど「次回までに、これについて考えてきてください」と宿題をもらえること。課題解決の方法に厚みを出しやすくなります。後者の良さは「前にこれ話したっけ？」がなくなることです。

これはライターとしての私見ですが、著作が多い人や普段から取材されることが多い人は、同じ話のループが増えて効率が悪くなりやすいです。なので、そういう方は細切れではなく一気にインタビュー時間をとってもらうように要望しています。

取材が終われば新たな構成が見えてくる

取材が終わったら、編集者かライターが執筆用の構成案を練り直します（⑧）。先に話したように、たいていの場合は企画会議に出した想定構成案から変更があります。新しい構成案に基づいて原稿を進めてよいか、著者と編集者とライターの三者で確認しあったあと、ライターが執筆を開始します（⑨）。

構成案の立て方や、自分で書くときにはどんなことを意識すればよいかは、次のCHAPTERで詳しく話します。ここではまず、チームにライターが入る場合の流れを追いながら、出版までのスケジュールを確認していきましょう。

「はじめに」や1章分をライターが書いたあたりで、一度テスト原稿があがってくることもあります。このテスト原稿で、文体や雰囲気などを著者と編集者が確認し、すり合わせをするのです。

たとえば「ですます」調で書くのか、「である」調で書くのか。親しみやすい雰囲気で書くのか、権威性を持たせた書き方をするのかなどを相談します。このようなすり合わせは、実際の原稿をもとにやりとりしたほうが精度が上がるので、私はライターとして関わる場合も、著者として書く場合も、必ずテスト原稿を出します。

書籍の原稿は分量が多いので、全部書いたあとに「こんな文体になるとは思わなかった」となると修正が大変です。早い段階で目線を合わせておくと手戻りが減ります。

つくり始めた本が出版されない様々なケース

さて、ここまでのプロセスだけでも、だいぶ長いと感じたかもしれません。書籍によりますが、**企画が通ってから、原稿が完成するまでの時間は、かなり早くても3ヵ月程度**です。

まず、ライターを決定するのにそれなりの時間がかかります。希望するライターが引き受けてくれたとしても、そのライターが執筆するスケジュールを取れるまでに時間がかかる場合もあります。

私がライターとして執筆を引き受ける場合は、最低1ヵ月の執筆時間をもらうようにしています。これは、友人の書籍ライターさんたちに聞いてもだいたい同じような感じです。ただ、4、5ヵ月先くらいまでは執筆スケジュールが埋まっているライターも多いので、そもそもの執筆開始が半年ほど先になることが結構あります。

ちなみに、数回取材をしたり、取材が全部終わったあとに、「やっぱり書籍にするのは難しいのでは？」と、お流れになるケースもままあります。私は過去に6冊、取材後に出版が流れました。ここで**お流れになるケースは「思ったよりも内容が薄い」という理由が多い**ように思います。

出版社によっては、取材を終えたあとにもう一度企画会議があって、企画会議から変更になった最新の構成案を提出するところもあります。そこで手応えを聞かれ、「想定よりもコンテンツが弱かった」となると、企画自体が白紙に戻ることもあります。この場合、ライターには取材の拘束日数に応じて、時給分程度のごめんなさい謝礼が払われることが多いのですが、著者には支払いされないと聞くこともあります。これは取材が始まる前に契約書を交わさない（あとで説明します）日本の出版社のよくないところだと思います。

でも一方で、著者が「自分で書きます」と言って、「やっぱり書けなかった」となっても違約金をとられることはないでしょうから、契約も一長一短かもしれません。編集者さんに聞くと、**著者が「自分で書く」と言って書けずにお流れになる**ケースは相当多いようです。

さらには、**原稿を執筆したあとに企画が流れることも**あります。これは過去に3冊ありました。著者さんの本業が忙しくなりすぎて書籍刊行どころじゃなくなったり、私が書いた原稿が著者さんの思いとズレていたり（これは本当に申し訳なかったです）、執筆中に時世がガラッと変わってコンテンツが古くなったりが原因でした。

今、数え上げて自分でびっくりしましたが、執筆前と後の両方合わせて9冊ですから、これまで担当した書籍のうち12％ほどになります。結構高い割合ですね。

知り合いでキャリアの長いライターさんたちに聞くと、やはり、多かれ少なかれお蔵入りの経験をしているようです。

前述のような理由のほかに、著者さんの会社が潰れた、著者さんが転職した、著者さんが訴えられたり処分を受けた、ご病気になったなどのケースがありました。ちなみにこのように原稿まで書いて企画が流れたときは、初版の印税分くらいの原稿料をもらって解散となるケースが多いようです。企画が通ったからといって、必ず本が世に出るとは限らないのが震えるところです。

原稿の確認と加筆修正——原稿整理

さて、ライターから原稿があがってきたら、その加筆修正のフェーズに入ります。

⑩ ライターの原稿を編集者が整理する
⑪ 著者が原稿をチェックして、加筆修正する
⑫ 編集者やライターが入稿原稿に整える
⑬ 編集者がデザイナーに入稿をする
⑭ 著者、編集者、ライター、校閲担当による初校ゲラ（書籍と同様の形で印刷されてくる原稿）のチェック
⑮ 同、2校（再校）、3校のチェック
⑯ 本文責了

ライターから最初の原稿があがってきたら（これを、第1稿とか、初稿と言います）、まずは編集者がその原稿を確認します。ここで、編集者が加筆修正をしたり、原稿の順番を入れ替えたりすることもあります（⑩）。この作業は「原稿整理」とか「リライト」などと呼ばれます。

このあと、整理された原稿を著者が確認し、加筆修正を行います（⑪）。この時点ではまだ印刷用のレイアウトにはなっておらず、ワードやグーグルドキュメントを直接修正したり、それを出力したものに赤字を入れていくことが多いです。場合によって

は、ここで追加取材をして、大きく原稿に加筆することもあります。

私がライターで参加する場合は、初稿をアップしたあとに、1、2時間ほど著者さんに追加インタビューする時間を確保してもらうことが多いです。原稿を書いているうちに生まれた疑問や、もう少し具体例が入ったほうがいいのでは？　と感じる部分を追加で聞くためです。

本来、原稿前のインタビューだけですべての素材がそろっていることが理想なのですが、私はまだ未熟なので、書いているうちに「ここ、思ったより詳しく聞けていなかった！」ということがあります。そこをごにょごにょっと濁すと原稿が浅くなってしまうので、最初から「執筆後に一度、アフター取材させてもらえるとありがたいです」と伝えています。アフター取材ができない場合は、原稿に質問項目を入れてお渡しし、著者さんに返答をもらうようにします。

著者の確認が終了したら、2稿を出します。著者から大量に修正が入るときもありますが、その場合も他の部分と文体などが変わらないようにライターか編集者が調整して、デザイナーに入稿するための原稿に整えます（⑫）。


原稿が完成間近となったら、編集者はデザイナーにレイアウトの相談をします。ただしこのレイアウトの相談タイミングは、書籍によって大きく変わります。

見開きごとに完結するデザインの書籍や、写真やイラストが多い書籍などは、先にレイアウトをデザインし、その文字数に合わせて原稿を書くことも多いです。

レイアウトが出てくると、たとえば1ページあたり、36文字×18行で文字組みする、見出しは4行分のスペースを使う、表やイラストや脚注を入れる場所、コラムは別のデザインで文字組みする、などが決まります。そのデザインに沿って、完成した原稿を流し込みしてもらいます。

グラフや図、イラストや写真なども、ここで入れることが多いです。この作業を「入稿」と言います（⑬）。

ゲラから校正の段階——本の姿が見えてくる

入稿した原稿は、「初校ゲラ」となり、実際の書籍と同じサイズのレイアウトで印刷されてきます。そのレイアウトで再び内容の確認をします（⑭）。

前に「初稿」という言葉が出てきましたが、初稿は著者やライターが書いた最初の原稿という意味で「稿」の字を使います。それとは違って、このタイミングで印刷されてくる、レイアウトされた原稿のことは「初校」と言います。初めての「校正」をするものなので「校」の字を使います。

内容の確認だけではなく、この初校ではページぐりの確認もします。実際のページレイアウトになると、「3章の最後の一文がはみでて、次のページに3文字だけ残ってしまった」のような見栄えの悪いところが可視化されます。この初校では、ページ数が16の倍数（場合によっては8の倍数）になるように意識しながら、文字数の調整をしていくような作業も入ります。

この初校に赤字を入れたものを反映して、2校が出てきます⑮。書籍によっては、3校、4校まで確認することもあると聞きますが、一般的には2〜3回チェックしたところで、校了（修正完了）となることが多いです⑯。

校正者／校閲者というチームメンバー——本づくりの守護神

書籍の原稿は編集者、著者、ライターだけではなく、校正者や校閲者もチェックに入ります。

校正と校閲は厳密には意味が違って、校正は主に表記のチェックを行います。誤字脱字、スペルのチェックはもちろんですが、その文章が文法的に正しいかも確認します。原稿中に「1回」と「一回」が混ざっていないか、「うれしい」と「嬉しい」が混ざっていないかなども、ここで指摘されます。

ちなみに、漢字と数字、カタカナとひらがななど、表記が混ざっていることは、「表記揺れ」と言います。表記揺れは、特別な理由がない限りは排除し、統一するのが書籍のセオリーです（しかしこの本でもそうですが、視認性の優先などの理由で、あえて統一しない場合もあります）。

それに対して校閲は、その文章の内容や意味に間違いがないかをチェックします。たとえば、固有名詞に間違いがないか、事実誤認がないか、差別表現がないかなどを確認します。たとえば、「たまご1個（50g）のたんぱく質は6・2gです」という文章があったら、最新の「日本食品標準成分表（八訂）増補2023年」にあたってその数字が正しいかを確認するのが校閲です。

実際の現場では、校正者、もしくは校閲者が両方を兼ねてチェックしてくれることが多いように思います。だいたい初校が出たタイミングで校正が入ることが多いですが、スケジュールがタイトなときや、確認事項が多いときは、原稿の時点から校正してもらうこともあります。

そして、これ以上修正がない状態になることを「校了」もしくは「責了（責任校了）」と言います。校了した原稿は、印刷所に入稿されます。

ここからは、後戻りはききません。

デザイナーというチームメンバー──本のヴィジュアルをつくるプロ

さて、本文の原稿はこれで完成ですが、本文の入稿と並行して、表紙やカバーなどのデザインも進行しています。このような、本の外側のデザインを一般的に「装丁」と言います。

---

⑰タイトルの決定
⑱編集者がデザイナーに、表紙、カバー、帯などのデザインを依頼する
⑲デザインチェック、決定

本文のレイアウトデザインもそうですが、装丁も基本的には編集者とデザイナーで打ち合わせて進行します（⑱）。

表紙やカバーだけではなく、カバーに巻く帯、見返しと言われる本文1ページ目の前に入る色違いの紙などのデザインもここで行います。マット紙を使うのかコート紙を使うのかなど、使用する紙の種類と厚さも決めます。使う紙が決まれば、書籍の厚

みが決まります。薄い紙を使えばページ数が多い本もそこまで分厚くならないし、逆に厚みのある紙を使えばページ数が少ない本もそれなりの厚みになります。薄い本にするか、厚い本にするかは、その本を読む読者をイメージして戦略を練ります。

装丁をデザインする際にはタイトルが必須なので、どんなに遅くともこのタイミングまでにはタイトルが決定します⑰。企画書に書かれたタイトル案がそのまま採用されることもありますが、原稿を書き終わったあとに、印象的なフレーズを選んでタイトルを決めることも多いです。

本のタイトルは誰が決めるのか？

このタイトルや装丁デザインに対して、著者がどれくらい希望を言えるのかは、出版社や編集者によります。さすがに著者にひとことも相談なく決定されることはないでしょうが、「ご意見は聞きますが、なるべく本のプロ（編集者&デザイナー）に任せてください」と言われることは多いように思います。

これには編集者側の事情もあります。タイトルや装丁デザインは、通常、編集長はじめ編集部の意見や、営業チームの意見も加味して決められます⑲。ですので、編集者自身も自分の一存では決められないのです。

これは圧倒的私見ですが、私自身は、「装丁は出版社のもの」だと思っています。ですので、自分が著者で意見を求められた場合も、「私はA案かE案が好きです。帯に、書籍の中のこの文言を入れてもよいかもしれません」などと感想を言う程度にとどめ、基本的には編集者さんにお任せします。

というのも、**書籍は「商品」**です。その商品が売れなかったときの**赤字責任を負うのは著者ではなく、出版社**です。ですから、そのパッケージを決めるのは出版社であったほうがよいと思っているからです。

そして何より、出版社の人たちは本づくりのプロです。その本がどの棚に並び、隣に並ぶライバル本がどんな装丁で、今はどんな顔つきの書籍が売れているかをよく知っています。とくに信頼できる編集者と本づくりができている場合は、そのプロフェッショナルな判断に任せたほうがよいと思うからです。編集者の中には、何パターンかのカバーを印刷して本に巻き、書店の棚まで持っていき、どれが一番目立つかを検討している人もいます（というか、売れている本をつくる編集者さんはだいたいやっています）。そこまでやってくれていることを、著者も知っておきましょう。

本文に関してはそれほど強い主張がなかった著者さんが、装丁となると突然テンションが変わって「このカバーでは出版できない」と揉めてしまうケースを何度か見てきました。おそらく原稿以上に、カバーはその人の好みや感覚が前に出てしまうからでしょう。

もちろん、不満があっても口を挟むなと言っているわけではありません。著者の意見で、装丁がぐんとよくなるケースもあります。

ただ、お互いに**遺恨を残したまま本が出ると、まず売れないいんですよね。**編集者や営業担当に「この人の本を売りたい」と思われなければ、本は売れません。なので、出版社側の事情も知った上で、冷静に相談できると良いですよね。

初版部数はようやく決まる――部数決定会議

最終的な書籍の部数が決定するのも、この頃です。多くの編集部で「**部数決定会議**（略して部決）」があります。著者にとっては聞き馴染みの薄い言葉ですが、編集者にとっては、企画会議と同じくらい勝負どころの会議です。

事前に原稿を読んだり、装丁が完成していたらそれを見たりして、最終的に初版を何部にするか決める会議です。タイトルが決まった時点で部決にかける出版社もありますし、装丁が決まってから会議をする出版社もあります。

内容が面白かったり、予約注文が多かったりすれば、当初の予定よりも多い冊数で初版をスタートすることもありますし、その逆もあります。売れそうだとなれば初版から1万部刷ることもありますし、これは厳しそうとなれば4000部に絞られることもあります。

この本の「はじめに」で、書籍は圧倒的に小ロット商品だと話しました。現在、新人著者の書籍の初版の多くは4000〜6000部の間くらいです。最近ではいよいよ、3000部でスタートする書籍も出てきたようです。

この業界では、「書籍が売れる冊数は、書店の面の数と正比例する」と言われます。面の数とは、平積みや面陳などの表紙が見える状態で書店に置かれている箇所の数です。

ベストセラー本などは、平積みが10ヵ所、20ヵ所と展開されることもあります。たくさん入荷されて「面」が増えれば増えるほど、その本が読者の目に触れやすくなります。**書店はそのまま本の広告の場**でもあるので、面が多いほどたくさんのCMが流れたのと同じ効果があります。

ですから初版は多いにこしたことがないのですが、少ない場合は少ない場合で、私は前向きに捉えるようにしています。初版が少なければ、重版がかかるまでに必要な冊数が少なくてすみます。「発売即重版！」とPRできると売れている感が出ますので、さらに本が売れることもあります。

出版契約書のチェックポイント

部数が決まると初めて、契約書や覚書が交わされます。これが出版業界の古いところでもあり、他業界の人たちには驚かれるところでもあります。

書籍は、ある程度形にならないと、ページ数が確定しないし（書籍の価格は比較的ページ数に比例します）、部数も決定しません。印税は書籍の価格から割り出しますので、定価が決まらないと著者やライターに支払う金額が決まりません。支払い額が決まらない限りは、契約を交わせないというのが主な理由のようです。

契約書を見る際にとくに注意すべき点が、いくつかあります。

まず、**権利関係**。**電子書籍の権利**、映画化や翻訳が決まったときの二次使用の権利などを確認しましょう。

最近では、「紙の書籍を出版する＝同じ日に電子書籍も出版する」ケースが増えていますが、出版社によっては電子書籍を出さない方針の出版社もあります。電子書籍を出さない出版社では「電子化の権利をどちらが持っているか」を確認してください。

もし、紙の本が売れて電子書籍も売れそうだとなったとき、出版社側がその権利を持っていて「でも、うちでは電子書籍は出せません」となったら、せっかくのコンテンツの発表チャンネルがひとつ減ってしまうからです。

例を出して説明します。私はある出版社が初めて出す書籍を書いたことがあります（それまでは主に雑誌をつくる出版社でした）。その際、予算の関係で最初は紙の書籍しか出せないと言われたので、「出版から6ヶ月以内にその出版社が電子書籍化しない場合は、電子化の権利を著者に譲る」という項目を入れてもらいました。結果的に、紙の本の売れ行きが良かったので、その出版社さんが電子書籍もつくってくれましたが、もしも電子書籍化されないなら、自分でＫｉｎｄｌｅ本をつくろうかと考えていたので、それが可能な契約にしておいたのです。

文庫化権についても、チェックしておくと良いでしょう。とくに明記されていない場合は、基本的に著作権を持っている著者（と契約によってはライター）に出版の権利も帰属します。ですので、別の出版社から文庫化を打診されたら、文庫本を出すことも可能です（有名作家のタイトルも、単行本と文庫本の出版社が違うことはよくあります）。しかし、契約書に「文庫化権は単行本を出した出版社にのみ帰属する」などと書かれていた場合は別です。この場合は、その出版社以外から文庫化はできませんので注意が必要です。

また、**書籍が事故を起こした場合の責任**が、出版社と著者のどちらになっているかも確認しておきましょう。事故とは、たとえば書籍に書いた内容によって名誉毀損で訴えられた場合などです。

CHAPTER

5

読まれる本にする工夫

「共感を目的にすると、文章は変なことになるよね」

これは、私が信頼している書き手の方から言われたひとことで、今でも覚えている印象深い言葉です。以前から近いことを考えていた気がする。でも、それを明確に言語化してもらったという感覚。

共感したという感想をもらうのは嬉しい。
しかし、書き手は共感を最終目的にしてはいけない。

これを、もう少し深く考えてみたいと思います。
共感を目的にしないとは、自分の書きたいことを好き勝手書くこととはちょっと違う。そうではなく、自分の考えや気づきを、できるだけ深く掘ることを最優先するという意味だと捉えました。

とても個人的な話であっても、そのことを深く考え深く掘り続け、ここが一番底だという感情に手が届いたとき。そのときに限って、その「底」が、誰かの深い井戸の底につながったと感じることがあります。深い井戸の底でつながること、それが「共感」ではないかと私は考えています。
だから最初から人の井戸に手を伸ばして共感を探すのではなく、自分の井戸を掘っていく。できるだけ丁寧に、できるだけ深く。まず、自分の井戸に集中する。

「共感しました」と言われたときはたいてい、読者も深く自分の井戸を掘ってくれています。ともに井戸を掘りに掘り潜りに潜り、底のほうでふと隣の井戸の誰かと手をつなげたとき、私は幸せな気持ちになります。

本は読者がいて初めて完成する。
でも、まず、井戸を掘るのは、私です。
そして、掘るのは、必ず自分の井戸だ。

この章では、実際に本をどうまとめていくのか。どんな工夫をすれば読みやすく伝わりやすくなるのか。そしてどうすれば、井戸の底でつながる原稿をつくることができるのか考えたいと思います。著者だけではなく、書籍ライターの方たちにも参考になると嬉しいです。

CHAPTER 5 で考えたいこと

Think 11 構成案の立て方は？

Think 12 「はじめに」はどう書くか？

Think 13 読ませるためのプロの工夫とは？

Think

11

構成案の立て方は？

構成案とは10万字を組み立てる設計図

書籍の原稿はだいたい5万字から12万字くらいでできています。イラストや写真が多い実用系の書籍は5万字より少ないケースもありますし、鈍器本などと呼ばれる書籍はもっと文字数が多いこともあります。この『本を出したい』は約11万字です。

この文字量の原稿を書いたことがある人は少ないと思います。初めて書く人にとって10万字前後の原稿は途方もない分量に思えると思います。

でも、私たち書籍の書き手も、真っ白な状態から10万字を書くわけではありません。

ここでは、10万字を書く前の準備について書きます。

まず、**原稿を書く前には設計図が必要**です。3000字くらいの原稿であれば、頭の中に「あれを書こう、そしてこれにつなげよう」といった構想があるだけで書けてしまうこともあるでしょう。でも、10万字の原稿でそれは無理です（少なくとも私は無理です）。

そこで、どんな順番で文章を書くか、大まかな設計図をつくります。この作業を「**構成案をつくる**」と言います。構成案のことは、人によって目次案と言ったり、コンテと言ったりもします。

企画書に載せた構成案が、インタビューをする前にわかっていることや想像でつくったあくまで「想定構成案」であるのに対して、取材後につくる構成案は、「実現構成案」とでも言えばいいでしょうか。

この本でいうと、14ページから18ページに載っている目次部分に加えて、各Thinkの中の見出しにあたる部分が、ほぼ、書き出す前の設計図（構成案）と同様になります。もちろん、書いているうちに順番を入れ替えすることもよくありますが、少なくともこの設計図があるだけで、道筋は見えてきます。

構成案のつくり方――どの曲をいつ歌う？

ここではいったん、ライターとして書籍を書く際の構成案のつくり方を示します。自分で書く場合は、少しプロセスが増えますので、それはあとでお話しします。

構成案に必要なのは「素材」です。構成案をライブにたとえたら、持ち曲の中から何をどの順番で歌うのか、どこにMCを入れるのかを決めるセットリストになります。

まずは、**素材（持ち曲）を洗い出し**ます。

たとえば、「スモール起業のすすめ」という本を書くとします。ライターが入る場合、主な素材は著者へのインタビュー取材のテープ起こしです。まずは、インタビュー取材で聞いた著者の主張を、テープ起こしの原稿（大抵40〜60万字くらいになっています）にして、**エピソードごとにワード上で分類**します。

たとえば初日の取材の10分から15分のところでは「起業のエピソード」について聞き、15分から20分のところで「最初の経営危機」について聞き、20分から40分のところでは「危機の乗り越え方」についてコツを3つ聞いたとします。

ワード上で、起業のエピソード部分の最初に、

①起業エピソード。きっかけは父親のひとこと★

などと内容が思い出せるように簡潔に見出しを書きます。次に、経営危機の話になったら、ワードに、

②経営危機。コロナ禍で突然の物価高騰、商品が届かない★

などとタイトルをつけます。

同じように、

③危機の乗り越え方（1）投資家と密に連絡をとる

④危機の乗り越え方（2）部下が失敗を隠蔽しない環境づくり★

⑤危機の乗り越え方（3）仕事と関係ない友人を持つ、孤独にならない

などと見出しをつけていきます。Think3で書いたような「格言」が出てきたときは、なるべくそれを見出しに入れるようにしていきます。

このようにしていくと、取材で聞けた話が100くらいの見出しになるはずです。ここではインタビュー取材の音源をもとに、素材をリストアップしました。ライブでいえば、ニューアルバムのラインナップを書き出した感じです。

でもそれだけではなく、著者が過去に書いたブログや、ホームページに書いた「社長の巻頭言」や、企業のミッション・ビジョン・バリュー、過去のセミナー資料、別媒体でインタビューされた原稿……などが、素材になりえます。これらも、ライブのセットリストの候補になります。

このようなインタビュー以外の素材も同じように、1行で要約して、

⑫経営を救ったインターンのひとこと（○月○日ブログより）

などと、書き出しておきます。

これらの見出しは、そのままエクセルにコピペします。121個見出しがあったら、121行の見出しが並びます。

非常に細かいことですが、私は見出しをつくる際、著者が一般論として語ったのか、

具体例（事例）があるのかをわかるようにしておきます。★をつけたのは、この素材部分には、具体的なエピソードが入っていますよとの意味です。

本を読むときは、一般論や抽象論だけでは、なかなか内容が頭に入ってきません。「たとえばうちの人事制度は……」とか、「有名な話ではこんな事例があり……」などとあれば、その話がわかりやすくなります。原稿が一般論だけになっていないかどうかをチェックするためにも★をつけておいて、このあと構成を考える際に、★のない文章がずっと続かないように意識しています。

ＫＪ法で章立てをつくる

次に、これらの**素材をどの順番で語れば盛り上がるか**を考えます。その際、１２１個の素材をいきなり並び替えるのではなく、大きな塊にしてから、順番を決めます。

ここで私は**ＫＪ法**を使います。ＫＪ法とは、よく会議などで登場する「似たようなことを書いてある付箋を集めて、グループごとに議論する」、あの方法です。

私の場合は、エクセルにコピペした見出しを、剥がせる宛名シールにプリントアウトします（次ページのSTEP①）。A4サイズ1枚に20枚くらいシールがあるものを使うことが多いでしょうか。そして、そのプリントアウトを見ながら、同じことについて話しているシールたちを、A4の紙にどんどん集めて貼っていきます（STEP②）。

たとえば、資金集めの話をしているグループ、人材育成の話をしているグループ、商品開発の話をしているグループ、などに分けて、シールを貼っていくのです。この、「同じことを話しているグループ」が「同じ章の仲間」になります。

ちなみに私が剥がせる宛名シールを使うのには2つ理由があります。ひとつは、付箋を使うと、見出しの書き出しが手書き作業になるのが面倒だからという理由。2つめは、でも剥がせるシールであれば、付箋と同じく「やっぱりこれは別のグループに移動させよう」が楽だからです。

さて、これで、A4用紙1枚に1章分の素材が集まりました。多分、そのA4の用紙は6枚とか8枚とか10枚とかになっていると思います。次に、そのA4用紙をどの順番で並べるかを考えます（STEP③）。具体的には、「資金集め」と「商品開発」はどちらを先にしたらいいのか、と考えるのです。この並び順が決まれば、構成の中の大きな章立てが決まります。

本の構成のつくり方

STEP ① 見出しをシールにする

1：起業エピソード
きっかけは父の一言（★）

2：経営危機
コロナ禍で物価高騰（★）

3：危機の乗り越え方（1）
投資家と密に連絡を取る

・
・
・

121：経営を救った
インターンのひとこと

STEP ② シールをA4用紙に振り分ける（KJ法）

資金集め	商品開発
7	21
13	22
10	83
32	

STEP ③ A4用紙の並び順を考える＝章立ての決定

STEP ④ A4用紙のなかでシールを並べ替える
＝各章内の見出しの順番を決定

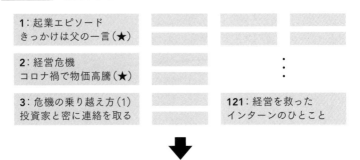

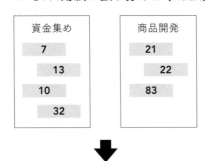

このグループ分けした素材の並べ方（STEP③の章立ての順番）には、いろんなセオリーがあります。

時系列で並べる方法もあれば、総論から各論に向かうように並べる場合もあります。先に具体例を列挙して、後半の章でそれらの事象を説明できる持論を展開する場合もあります。

各章の素材に流れをつくる

さて、章立てが決まったら、**それぞれの章の中身の順番**を考えます。資金集めの章の中で、何を最初に話すべきか。貼ったシールの順番を入れ替える作業です（STEP④）。先に失敗談からスタートしたほうが面白いか。それとも、この著者のオリジナリティある提言を最初に持ってきたほうが良いか、などと考え、シールの順番を入れ替えます。

ものによっては、1日目に話してくれた内容と4日目に話してくれた内容をくっつけてひとつの項目にしようとなるときもあります。そのときはその2つをくっつけて、一緒に移動させます。

逆に、「資金集めは借金ではない」ことを伝えるための具体例が何回も語られているとしたら、どれが一番読者に響く事例かを考え**取捨選択**します。捨てたほうの事例は別の文脈で別のグループで復活利用できないかを考え、別の章に移動させることもあります。

これらが、章の下の見出しになります。この見出しは「節《せつ》」とも言われます。

プロのライターのデスク環境

さてこれで、章立てと、その章の中に何が書かれるべきか、つまり構成案がほぼ決まりました。使うアイテムの差はあれども、プロの書籍ライターのほとんどはこのやり方で構成案を考えています。

ちなみに私は、初期の頃は今書いたやり方でやっていましたが、今は、自宅ではなくコワーキングスペースや出張先で書くことも多いので、この作業をすべてデジタル上でやっています。

私だけではなく、書籍ライターの人がよく使っているアプリケーションが、「Ｓｃｒｉｖｅｎｅｒ３」という執筆に特化した文章執筆ツールです。もともとはシナリオや論文を書くために開発されたアプリのようです。少々高いのですが、これを導入してから、シールをプリントアウトして入れ替えする作業が、オンライン上でできるようになり、とても重宝しています。

さて、地図のない白紙の状態から10万字書くとなると途方もありませんが、このシール1枚につき1000〜2000字ずつ書いていけばいいのだとわかれば、書きやすくなります。

ここから、実際書くとなった段階では、構成案に書かれた数字と見出しを頼りに、ワードの該当ページを見ながら書いていきます。

これまた非常に細かい話ですが、原稿を書くときはパソコンの画面の左側に素材（文字起こし）、右側に原稿を書く用のA4のワードを配置して書き進めます。A4を2枚横に並べて書くことになりますので、私は最低でも20インチ以上のモニターで原稿を書きます。画面が小さいと作業効率がすごく悪くなるからです。

実際に原稿を書くときに、プロのライターがどのようなことを気にしているかについては、またThink12でお伝えします。

自分で書く場合のテクニック①　インタビューしてもらう

ここまではライターとして著者の本を書く際にどんな準備をしているかを書きましたが、自分で本を書くときにはどうすればいいでしょうか（ただし、自分で書くといっても、最終的には必ず編集者の手が入ります。それを前提に読み進めてください）。

自分で本を書くときには、この「素材集め」の部分を自分でやらなくてはなりません。自分で素材集めをする方法はいくつかあると思います。

ひとつめ。編集者 or ライターにインタビューしてもらう。

これが一番おすすめです。原稿は自分で書くにしても、自分が何について語れるのか、**素材を引き出してもらえれば、その後の構成案づくりや原稿書きがとても楽に**なります。

前にも書きましたが、私は初めて一般向けの自著を書くとき、計4回のインタビュー取材を受けました。担当編集者さんと、新入社員の編集者さん、ライターさんの3人から、さまざまな質問をもらい、そのテープ起こしをもとに構成案をつくりました。

前に書いたように、一般の読者（編集者やライター）にとって何が新しく、何がすでに知っている情報なのか、相場観を知るためにもよい時間でした。

自分で書く場合のテクニック② しゃべったり、書いたりを発信

2つめ。インタビューしてもらうのが難しければ、自分で少しずつ発信する方法もあります。私は『書く仕事がしたい』という本を書く際に、毎晩5分だけポッドキャストで「書くことにまつわるetc.」を配信してきました。236回配信したところで、それらをテープ起こしして、それを素材にしました。

と書くとお気づきかと思いますが、『書く仕事がしたい』は1年以上前に企画が通っていて、1年後くらいに書き上げますと伝えていました。本を出すと決まってから、自分の中にパラパラと散らばっている素材をアウトプットして、**アウトプットしながら思考を固めていった**感じです。

このときは、ポッドキャストだけではなく、noteに書きためていた過去の投稿も素材になりました。これらの素材が核になって、1冊の書籍になっています。

ちなみに5分の配信は、文字数にするとだいたい1500字です。1500字の素材が200本以上あると、十分1冊の本の素材になりえます。

過去に無料で配信したり書いたりしたものが商品になるのかについてはThink4でも書きましたが、本にする際には素材を最適な位置に配置し直すので、同じエピソー

ドでも、全然違った印象で読まれます。

ポッドキャストやブログの更新はハードルが高いという人は、自分で自分にインタビューするという手もあります。自分への質問を100個考える感じでしょうか。

「この仕事を始めたきっかけは?」
「うまくいくようになったのは何に気づいたとき?」
「自分のメソッドで人と圧倒的に違うのは何?」

など、自分自身に質問をして、それに対する答えを書き出してもいいし、録音して書くときの参考にしてもいいと思います。

自分で書く場合のテクニック③　単発原稿を納品し続ける

3つめ。これはアクロバティックなやり方なのですが、**構成案をつくらずに、細かいパーツで納品し続ける**という方法もあります。つまり、本のテーマに関係ありそうな文章を1000字とか2000字で納品し続け、原稿を受け取った編集者さんが、届いた原稿の順番を入れ替え、書籍の形にしていくという方法です。

1冊の原稿を書こうとすると、どうしてもその壮大さに筆が進まなかった著者が、「毎週1回、このテーマで書いてください」と言われるようになって、コンスタントに原稿を納品できるようになったという話はよく聞きます。週に1回、2000字の文章を1年間送り続けたら、10万字の原稿になります。

逆に言うと、週に1回、渾身の2000字を送り続けたとしても、1年かかるわけですから、著者の方が自分で書くときは、それくらいの時間がかかると思ったほうがよいかもしれません。

Think

12

「はじめに」はどう書くか?

本を手に取った人を逃さない「はじめに」

児童書でベストセラーを連発される編集者さんにインタビューさせてもらったとき、その方は「書店で立ち読みする人たちを見ていると、児童書とビジネス書では全然違う。児童書を読む子どもたちは、パッと真ん中くらいのページを開いて、そのページが面白くなかったら、すぐに本を放り出す。一方、ビジネス書を立ち読みする人は、ほとんどが『はじめに』から読み始めて、そこが気に入ったらレジに本を持っていく」と話していました。

大人向けの本をつくっている編集者さんは、誰とお話ししても、**本は「はじめに」が命**だと言います。では、その「はじめに」はどんな気持ちで書き、何を盛り込めばいいのでしょうか。

まず「はじめに」の立ち位置をおさえておきましょう。「はじめに」は、人によっていろんな表現で語られますが、私にとっては「映画の予告編のようなもの」という言葉が一番しっくりきました。

映画の予告編ですから、一番おいしいところが見えてなければいけません。この映画を見たら、楽しい気持ちになるのか、泣けちゃうのか、ゾッとする話なのか……。そんなこともわかる必要があります。

では、実際の「はじめに」に盛り込むべき要素を整理していきたいと思います。

宣誓：あなたのこんな課題を解決します！

まず、何より大事なのが、「この本は誰の、どんな課題を解決する本なのか」の提示です。この本を読み終わったあとに、読者はどうなれるのかをはっきり示す必要があります。

たとえば、

・5キロ痩せるでしょう
・おしゃれな人と言われるようになります
・部下に信頼される上司になれます
・血圧を下げる方法がわかります
・本の出し方がわかるようになります

など。

大事なのは、「**どんな方法によって**」その**課題が解決されるか**を、**先出しする**ことです。同じ5キロ痩せるのでも「週末断食4回で痩せる」と「毎日5分のエクササイズで痩せる」「医療美容で痩せる」など、その課題の解決法がわからなければ、その本を買うべきかどうか、判断できません。

そして、さらに大事なのは、この**解決法**の「**新しさ**」や「**効果**」を、「はじめに」で**提示する**ことです。たとえば「週末断食4回で痩せる」だとしたら、この方法の何が画期的なのか、今までのダイエット理論と何が違うのかなどを提示する必要があります。そこまで書かれて初めて、その解決法が世の中に溢れた陳腐な方法なのか、それとも試してみたい斬新な方法なのか、読者は判断できるようになります。

自己紹介：あなたの課題を解決する私はこういう者です

そして、その画期的な解決法を「誰が」語っているのかも示す必要があります。つまり、この本の著者は誰か、を書くのです。前にもお伝えしましたが、プロフィールは**この本の著者として自分が最も適任であることの証明**です。言い換えれば「語る資格」です。

著者プロフィールにこれを委ねるケースもありますが、ヒット本のほとんどは、これが「はじめに」に書かれていると思います。

この**「語る資格」は必ずしもエリート的な内容である必要はありません。**たとえば、２０２３年のヒット本、ＭＥＧＵＭＩさんの『キレイはこれでつくれます』（ダイヤモンド社）は、太りやすい体質であり、ＳＮＳで視聴者からｄｉｓられるのが辛くて、美容にハマったＭＥＧＵＭＩさんの経験が書かれています。そして、１０００以上の美容法を試した自分だからこそ、本当に効く美容法を語れると伝えています。

このように、「できない自分だったからこそ、気づけた」というロジックで、語る資格を書くこともできます。専門家ではないからこそ一般の人達の悩みがわかるというロジックで書くこともできます。

この『本を出したい』も、本来であればその道何十年の編集者が書くのが妥当でしょう。でも、著者でもありライターでもあり、いろんなジャンルの本に関わっているからこそ、１、２ヵ所ではなくたくさんの出版社と著者を知っている。企画を持ち込む側の経験もある。いろんなやり方を見てきたということを「語る資格」にしました。

もしよければ、もう一度この本の「はじめに」を読んでみてください。一生懸命、語る資格をかき集めて自己紹介をしています。

「はじめに」のひとつの型

さて、誰の何を解決する本なのか、その解決法の画期的な部分は何か、なぜこの著者が語る資格があるのか。この3つが整理できたら、それらをつなげて「はじめに」を書きます。

以下は、ビジネス書や実用書の典型的な「はじめに」の構成です。

---

① みなさんはこのような課題を持っていませんか？（課題の発見）

② AやBで解決できると思っていたかもしれませんが、それではうまくいかないですよね？（過去の解決法の否定、弱点の提示）

③ 今から提示するのは、この課題を解決する最適な方法で、○○○という方法です（課題解決法の提示）

④ この方法の画期的な点（斬新さ・メリット）は、○○○という点です（課題解決法の特徴説明）

⑤ なぜ私がこの方法を知っているかというと、私は○○○だからです（プロフィール＝語る資格の提示）

⑥この方法はすでに○人の人が試して成功しています（エビデンスの提示）
⑦成功すると、このように人生が変わります。良いことだらけです（期待感の醸成）
⑧みなさんがこの方法を知らなかったとしても無理はありません。なぜなら○○○だからです（読者への寄り添い）
⑨この方法は、○○な人達におすすめです（一方で△△な人達には向きません）
⑩さあ、この本を読みましょう（クロージング）

もちろん、すべての書籍の「はじめに」がこのフォーマット通りではありません。ですが、この10個の要素がどこかに入っている「はじめに」が多いように思います。この中では、②と⑧は触れられていない本も結構あるかもしれません。私見ですが、②は想定読者が男性の場合、⑧は想定読者が女性の場合によく入っている要素だと思います。

⑤の「語る資格」は「はじめに」のド頭に書かれることもよくあります。⑧のあとに書かれることもよくあります。また、「はじめに」では⑤に触れず、本文第1章の最初のほうで書かれることもあります。

もしも「はじめに」を書きあぐねているようなら、一度、このフォーマットに無理やり当てはめて書いてみるのもいいでしょう。なぜなら、一度これを書くと、「はじめに」を構成する要素の「素材出し」ができるからです。そのあと、自分がしっくりくる順番に並べ替えたり、何を強調するのか考え取捨選択したりするのもひとつの手です。

「はじめに」をいつ書くか問題

「はじめに」を最初に書くか、最後に書くか。

これは編集者によってもライターによっても違いがあります。「絶対に最初に書いてもらう。その本がどこに向かうべきか、ゴールが示されるから」と言う編集者もいれば、「全章書き終わってから、一番面白かった部分をダイジェストにする。まさに映画の予告編のように」と言うライターもいます。

私自身は、昔は後者のケースが多かったのですが、最近は最初に「はじめに」を書くことが多いです。というのも、私の場合、最初に「はじめに」がビシッと書けたときのほうが、結果的に本が売れることが多いと気づいたからです。

私が「はじめに」を最初に書かないケースは、ほとんどが、「はじめに」をうまく書ける気がしないときです。そして、「はじめに」を最初に〝書かない〟と決めている場合は問題ないのですが、「はじめに」を最初にうまく〝書けない〟場合は注意が必要だと思っています。

というのも、先ほど挙げたような**「はじめに」に必要な10要素がうまく書けないということは、企画そのものにどこか無理がある**可能性が否めないからです。無理やりにでもこの10要素を上から順に指差し確認していくことで、その本の立ち位置が明確になっていきます。この10要素のうちほとんどが思いつかない場合は、一度編集者と相談して、企画の骨子から見直すこともあります。

ただ、この「はじめに」をいつ書くか問題は、好みも流儀もあると思うので、人様に押し付けるものではありません。型やぶりの魅力的な「はじめに」もたくさんあって、私自身もいつも、新しいチャレンジをしたいと思っています。

次のＴｈｉｎｋ13では、10万字の本文を書く際に、私たちプロのライターが意識していることをお伝えします。

Think

13

読ませるためのプロの工夫とは？

10万字を読ませるって大変だから

10万字の文章は、長い。だいぶ、長いです。そこで私たちライターはできる限り読者が途中で離脱しないように、さまざまな工夫を織り込んで文章を書いています。ここではその中から、参考になりそうなことをお伝えします。

具体的な話をする前に、ひとつ、考えておきたいことがあります。

書籍の原稿の「ゴール」は何でしょうか。読者がどのような状態になれば、その原稿は「成功した」と言えるでしょうか。

これは、書籍のジャンルによっても差があると思いますが、ビジネス書、実用書、自己啓発書などの**ゴールは**、**「読者の態度変容」**、つまり「読む前と読んだ後の読者が変わっていること」ではないかと私は考えます。

変わる内容はさまざまです。考え方が変わる場合もあります。態度が変わる場合もあります。行動が変わる場合もあります。いずれにしても「この本を読んだことで、○○について考えた」「この本を読んだことで、○○ができるようになった」といった感想が聞ければ、その本は読者の役に立ったといえるでしょう。

そのゴールのためにも、まずいったん、「最後まで興味を持って読んでもらえる原稿」を目指します。読者を途中で離脱させないために、私たちライターはこんな工夫をしています。

書き出しの工夫

エピソードファーストで書く——ストーリーへの没入を誘う

章や節の最初にエピソード（具体的な例）を配置すると、その先の総論や抽象論が読みやすくなります。この手法をエピソードファーストと言います。

世界的なベストセラー、日本でも100万部以上売れた『FACTFULNESS（ファクトフルネス）』（ハンス・ロスリング／日経BP）は、まさにエピソードファーストで書かれた名著です。

この本は、「世界をとりまく多くの〝事実〟とされていることは実は事実ではなく、勝手な思いこみであることが多い」ことをこれでもかと並べている書籍です。が、最初から「貧困率は減り続けている」「人口は思ったほど増加していない」「犯罪発生率はどんどん減っている」と事実やデータを突きつけられると、拒否反応も生まれますし、読み進めるのに体力がいります。

この書籍の素晴らしいところは、導入がすべて、私たちの身近にあるエピソードから始まることです。読者にとっては、事実よりもデータよりも、ある人に起こった（そして自分にも起こるかもしれない）興味深いエピソードのほうが、読みやすいものです。そのエピソードで何ページか本をめくってもらえたら、**本を読む推進力**がつきます。そこで本題に入る。これが読みやすさにつながります。

意識して見ていくと、この「エピソードファースト」で書かれた書籍がたくさんあることに気づきます。実はこの『本を出したい』も、前著『書く仕事がしたい』も、各ＣＨＡＰＴＥＲの始まりはエピソードからスタートしています。

結論ファーストで書く――大事な結論で掴む

もうひとつ、これも文章の典型的な型ですが、とくにビジネス書や実用書では、結論を先に書くと読みやすくなると言われます。

たとえば、「会社にＡＩを導入しようと思ったとき、最初に見積もりをつくらせるのはナンセンスです」と最初に結論を言ってしまいます。この**結論は、意外性があればあるほど引きがあります。**「え？　そうなの？」と思わせたら、「なぜなら〜」と理由を続け、文章に引き込みます。この場合は、ＡＩ導入は本来それぞれの会社の状況によってカスタマイズすべきなので、調査をする前に見積もりなど出せるはずがないという理由でした。

「シャンプーで髪を洗ってはいけません」という結論から文章を始めたこともあります。これも、どうして？　と思わせたら「シャンプーは髪ではなく頭皮を洗うためのものだからです」と続けます。

ファッション本やメイク本でヒット作を連発する編集者さんに「原稿の書き方のコツを教えてください」と聞いたら、「まず、結論をびしっと書く。真ん中はまあ適当にどぅらららららと書く。最後にもう一度結論を書く。これで売れる」とおっしゃっていて、ずっこけました。ただ、真ん中の〝まあ適当に〟は冗談にしても、最初と最後で結論を2回くり返す方法は、たしかに著者の主張がはっきりして読みやすくなります。

再現性を高める工夫

書籍に重要なのは「再現性」です。誰かの課題の解決をするための本ですから、読んで自分もやりたいと思う。なるべくなら、自分もできるようになる。これが、ビジネス書でも実用書でも重要なポイントになります。そのためにはこんな工夫をしています。

具体例で「自分ごと化」を手伝う

具体例を出すと、読者は自分に引き寄せて考えやすくなります。

個人的には、物事を抽象的に語ることや、抽象的に議論することはとても大事だと思っています。人と話すときは「具体的すぎるから、もう少し抽象的に話してほしい」とお願いすることもよくあるくらいです。なんでもかんでも具体的に語るから、議論がシュリンクすると思うときも多々あります。

しかし、自分が原稿を書くときはまた別です。ある種の教養書を除き、ビジネス書や実用書で抽象論がずっと続くと、多くの場合、読み進めるのが辛くなります。何より、**抽象論だけで語り続けると、課題の解決法がわかりにくくなります。**

先ほどThink11の構成案のつくり方で、具体例がある素材には★印をつけていると言いましたが、これもやはり、一定の分量で具体例を入れていく重要性を感じているからです。そこで私たちライターは、取材中に、「具体例は？」「事例は？」を連呼することになります。

たとえば、著者が「読書の習慣が今の自分をつくった」と言ったとします。すかさず「具体的に、読書をすることとしないことの差は何だと思われますか？」「これまで、とくに自分に影響を与えた本は何ですか？」「習慣とおっしゃいましたが、毎日同じ時間に読むのですか？」などと、しつこく聞きます。

「ＤＸをするぞと意気込む会社ほどＤＸがうまくいかない」という言葉を聞いたら、「失敗事例を聞かせてもらえますか？」「逆に、うまくいった企業の事例を教えてもらえますか？」と聞きます。

具体例や事例があることの良さは、文章が読みやすくなるとか解決策がイメージしやすくなるだけではありません。実は**具体例や事例の一番大事な役割は、「自分との距離」を測れること**にあると私は思っています。

Ａさんは月に10冊読む、朝６時から読むなどと書かれていれば、自分はそれに比べて多い少ない、早起きだ寝坊だ、などの比較ができます。この比較が読者の「自分ごと化」を手伝います。

ＤＸの件も同じです。事例に出てきた会社の話はうちの会社と似ている、ここが違うと比較することで、書籍の内容が自分ごと化されます。読者に自分ごと化してもらうことは、課題解決の第一歩なので、具体例や事例は大事だと思います。

著者本人から具体例が引き出せないときは、著者のクライアントに取材することもあります。私はライターとして仕事を受ける際は、この周辺取材をよく行います。仕事熱心だと言われたりもしますが、周辺取材をしたほうが楽に原稿が書けるからです。

以前、それこそ野球の長嶋さんのような天才肌の著者さんのお手伝いをしたことがありました。その人がコンサルをする会社は軒並み業績があがるのですが、その手法がどれだけ取材しても私には理解できませんでした。苦肉の策で、その著者さんのクライアントさんたちに何がすごいのかを聞いてまわったのですが、これが大正解でした。

著者のメソッドの素晴らしさを一番知っているのはクライアントです。ときには著者自身が気づいていないメソッドのオリジナリティをクライアントが知っていることもあります。クライアントのエピソードを載せることで、読者は「自分もやってみたい」「私にもできそう」と感じやすくなります。その著者さんの本もよく売れ、本で紹介したメソッドはその年のビジネス流行語にもノミネートされました。

形容詞を使わない

とくにビジネス書や実用書では、**ふんわりとした形容詞に逃げない**ことが大事です。「ものすごく喜ばれた」ではなく「参加者の97%が１００点満点の評価をした」と書く。「若い頃長期間頑張った」ではなく「19歳から22歳までの間、1日も休むことなくジムに通った」と書く。「みんなに人気の店」ではなく「業界ナンバーワン売上の店」と書く。

ビジネス書や実用書では数字が命です。なぜかというと、先ほど言ったように「読者が自分との距離を測れるから」です。自分と相手との距離を測り始めたらもう、その読者は著者の話を自分ごととして考え始めています。

かといって、本筋に関係ない数字や固有名詞を連発すると、読者の脳内はそれを読み解くのにメモリを使ってしまいます。伝えたいテーマに対して、その数字がとくに意味を持たないときは、むやみに数字を連発しないことも大事です。読者のメモリは文章を読み解くことではなく、文章を読んだことによる思考や行動のためにとっておいてもらいましょう。

how to だけではなく why を書く――理解しないと実践できない

これはメイク本をつくっていたときに実用書の編集者さんに教わったことですが、人はそのやり方を聞くだけでは、自分でできるようにならないそうです。たとえば「アイラインを引くときは、中央部分を太くするとよい」と言われても、その理由がわからないと、やる気になれない。やる気にならなければ、課題を解決できません。

この場合「なぜかというと、中央部、つまり黒目の上の肌色をアイラインで黒くつぶすと黒目が大きく見え、ひいては目がぱっちり大きく見えるからです」と説明すると、なるほどと思います。この理由とセットで初めて、人はそのテクニックを理解して実践できるようになるというわけです。

そう教えてもらってから周囲を見渡すと、世の中には意外と「やり方」しか書かれていない文章が溢れかえっていることに気づきます。

著者が自分で書く場合は、とくに注意が必要です。自分にとってはその「理由」が自明なので、ついつい「理由」を省略しがちだからです。理由がわからないテクニックは、読者は実践できない。これを肝に銘じて書いていきましょう。

臨場感を出す工夫

気持ちではなくシーンを書く――その場に読者を連れていく

書籍の中でも大事なシーンは、再現ＶＴＲが撮れるくらい、そのときの状況を詳しく聞きます。その場にいた人の人数は？　時間は朝？　それとも夜？　部屋の広さは？　椅子の色は覚えていますか？　そのときどんな音がした？　においは？

そのような取材をすることで、著者にそのときの光景をありありと思い出してもらうことができます。「コンテストに勝てて嬉しかったです」「倒産して目の前が真っ暗になりました」と書いても、何の光景も浮かんできませんが、そのとき著者が見た景色を詳しく聞いて描写できれば、読者に同じ景色を見てもらうことができます。そして、そのとき著者が感じた心の動きを追体験してもらうことができます。この「**追体験**」は、**豊かな読書体験につながります。**

自著を書くときも、大事な場面は脳内に映像を展開します。そして、そのときに見えた景色をスロー再生しながら、なるべくそのシーンが読者に見えるように書く工夫をしています。

とても細かいことですが、このときの書き方は、できるだけ「主観カメラ」で書くようにします（群像劇で見せるタイプの本ではなく、著者のメッセージを伝えるタイプの本であれば）。CMのように全方向からビカビカにライトが当たっていることは、現実世界ではありえません。ですから、その著者の目から見えた景色や知り得た感情だけを強調して書く感じです。光もあれば、影もあるので、全部を書きすぎて薄っぺらくならないように気をつけています。

目に浮かぶような「シーンを書く」。そして、**読者をその場所に連れていく**。

これは、あらゆるヒットメーカーの編集者さんから聞く言葉です。そのためには、**気持ちをつらつら書くのではなく、その場面を再現する**ことが有効になります。

ちなみに、再現VTRが撮れるくらいに書くときのコツは、**登場人物が見た順番に文章を並べる**ことです。たとえば、著者が歩いていたら犬を散歩させているある人と出会い、その人がのちのちのビジネスにとても重要なキーパーソンになるシーンがあるとします。著者はこのとき、まず、その人を見ているし犬を見ています。そういうときは、最初にその相手の風貌や犬の様子を書いてしまいます。40代の男性がラブラドールを連れていたのか、70代の婦人がポメラニアンを連れていたのかで、読者が脳内に思い浮かべる映像は変わります。最後まで読んだあとに、「これが、僕のビジネスに影響を与えた10歳の女の子、キャリーと柴犬のアレクサの話でした」となると、読者は脳内で思い描いていた映像を修正する必要があります。これは、意外とストレスになるのです。登場人物が見た順番に文章を並べる。つまり読者が読んだ順番に映像を思い浮かべられるようにしましょう。

犯人しか知らない言葉を使う——圧倒的なオリジナリティが文章に宿る

「犯人しか知らない言葉」というのは、私の造語ではなく、島田紳助さんが若手芸人を育てるための講義で使った言葉です。

たとえば漫才で、「昨日、1万円札を拾った」と話すとしたらどれだけその1万円札を拾ったシーンをリアリティある言葉で伝えられるかが、漫才の出来に関わる。

この状況を、「昨日雨降ったやろ。だから1万円札がぴたーっとアスファルトに張り付いていたの。破らないようにそーっと剥がしたんだよね」と伝えることができたら、リアリティと臨場感が増します。なぜなら、雨の日に1万円札を拾った人にしかわからないような「犯人しか知らない言葉」があるからだ、といった内容です。

この「犯人しか知らない言葉」を聞き出すことに、私たちライターは腐心します。犯人しか知らない言葉は、たとえば、以下のようなところに潜みます。

・その場にいた人しかわからない五感（とくに、嗅覚、触覚、味覚にまつわる描写）
・それを体験した人にしか言えない数字（1日に30回も、80年の歴史で初めてのなど）
・その商品やサービスを使ったことで、起きた変化や結果

文章に臨場感を持たせたいときは「犯人しか知らない言葉」を、意識的に使ってみてください。そして普段から、「犯人しか知らない言葉」を敏感に採取してください。具体的には、あなたのセミナーを受けて得られる感覚を五感で表現してみる。あなたのメソッドを取り入れた人の感想や、その後の人生にもたらされた変化を集めてみる。それらが要所で効いてくると文章がイキイキとします。

わかりやすくする工夫

たとえる——よいたとえで解像度が増す

その業界以外の人にはわかりにくい表現は、たとえ話で聞きます。

私はヒットメーカーの編集者さんたちにインタビューをする連載を持っているのですが、よく聞く質問が「書籍の編集者の仕事は、料理でたとえると、どのタイミングで何をする人にあたりますか」です。

ある方は、著者がつくった料理を盛り付けする人と答えました。その心は？　と聞くと、料理は著者にしかつくれない。しかし、その料理がより美味しく見えるパッケージは編集者がつくると言います。別の編集者さんは、「器を並べて、テーブルクロスを敷く人」と言いました。盛り付けすらしない。それくらい自分の存在感を消したい、著者を前面に出したいという意味でそう話をされました。

この本の担当編集者のりり子さんは、「レストランの経営者」と言いました。どの場所に出店し、どれくらい予算をかけるかを決め、著者というシェフを雇う。シェフが一番腕をふるいやすいようにレイアウトを決め、内装を決め、什器を決め、メニューを相談する。なるほど、これもその人らしさが表出する回答です。

「編集者とは？」とズバリ定義を聞くとうまく言語化されない場合も、「○○にたとえたら？」と聞くと、個性が見えてきます。自分で書くときも、これは「○○にたとえたら、何にあたるのだろう」と考えると、読者に伝わりやすい表現になることが多いですし、差別化できます。試してみてください。

ちなみに、「料理にたとえる」「スポーツにたとえる」「体の仕組みにたとえる」と、わかりやすくなるケースが多いです。

中学生に説明するなら？

ビジネス書や実用書ではボキャブラリーの豊富さは、とくに求められません。それよりは、難しい概念を中学生でも知っている言葉で説明できることのほうが重要です。ちなみに、ライターが取材中によく使うキラークエスチョンは、「それを中学生でもわかるように説明するとしたら、どう説明しますか？」です。この質問によって、プロフェッショナルな著者の考え方が、一般人の私たちにもわかるようになります。

ちょっと話はズレますが、私はまるで門外漢の書籍のライティング担当をすることが多いです。たとえば、ＡＩビジネスやＤＸ、ＣｈａｔＧＰＴの書籍などは、取材が始まる前は、まるでちんぷんかんぷんでした。ですが、そういう書籍の現場でわりと重宝されるのは、私が「先生、わかりません！」と著者さんにあっけらかんと質問できるからです。

専門書では別ですが、**一般向けの入門書であれば、そのジャンルにおける読者の知識はほとんどない**ようなものでしょう。ですから「私がわからないことは、きっと読者にもわからないと思う」と、読者代表の立場で話を聞き、原稿を書きます。

知識ゼロの私がわかるまで質問して書くのですから、初心者にとってわかりやすい原稿になります。自分で書く場合も「この概念を、中学生に伝えるとしたらどう説明するか」と自問すると、わかりやすい表現につながります。

離脱させない工夫

1文字でも少なくする

それが文学作品であれば別ですが、課題解決をするタイプの書籍は、100文字で伝わることを200文字で伝える必要はありません。情緒をなくせという意味ではありません。情緒が必要な文章で使う文字数は必要文字数です。そうではなく、**あってもなくても良い言葉を減らす。**不要な文字は1文字でも少なく書くのがセオリーです（これ、書いていて自分の首を絞めますね。怖い怖い）。

なぜ1文字でも少ないほうが良いかというと、現代人は忙しいからです。そして、文字数が少ないほうがスピード感が出るからです。

よく言われることですが「という」の3文字は、外して意味が通る場合は、全部外していいです。順接の接続詞（そして、それから）は、外せることが多いです。指示語（この、その、あの）は削れるだけ削ります。これだけでもファットな文章がだいぶスリムになります。

1冊まるごと自分ごとか

血液型占いの本をつくるとき、1冊ですべての血液型を網羅すべきではないというのが、本づくりの鉄則です。A型用ならA型だけ、B型用ならB型だけと4冊のラインナップをつくったほうが一般的には良いとされています。

これはなぜかというと、1冊の本のうち4分の1しか自分に関係のあるページがなければ、4分の3、損をしたと思う読者がいるからです。特定のタイプについてだけ書くと、それ以外のタイプを置いてきぼりにしてしまう。血液型だとよくわかると思いますが、意外と書籍の中でやってしまいがちな注意点です。

以前、ファッション本で「A4の書類が入る通勤バッグ」と書いたところ、編集者さんに「日常的に使う一番大きなバッグ」と書き換えられ、読者は仕事をしているとは限らないと説明されました。会社勤めをしていない人は、「自分に関係ないページだ。損をした」と感じる可能性があるのだそうです。

同様に「子どもの入学式にぴったりなワンピース」と書いたら、「綺麗め服が必要な場にぴったりなワンピース」と修正されました。これもやはり、読者に子どもがいるとは限らない。ましてや入学式の予定がある人は読者のうち何割になるのか、という指摘でした。

もちろん、想定読者を相当絞り込んでいる場合は別です。でもそれ以外の、**排除する必要のない場所で読者を排除していないかを意識する**ことを学びました。

むやみに賛同を求めない

似たような話ですが、ビジネス書を書いているときに「○○ができなくて恥をかいた経験、きっとみなさんもありますよね？」といった書き方で文章をスタートするのをやめてくださいと言われたことがあります。

想定読者の9割以上が、その経験がある！　わかる！　恥をかいた！　となるのであればOKです。でも、半数くらいにしか賛同されない問いかけだったら、むしろしないほうが良いと教わりました。離脱ポイントになるからです。

もちろん、これは人それぞれの考え方なので、必ずしもこの論に賛成の編集者さんばかりではないでしょう。でも**「そう思わないほうの読者」の存在を頭に入れながら書く**ことは大事だと思います。

読者に嫌われない工夫

読者を責めない――心を開いてもらうためにも

以前、美容の仕事をしていたとき「新しい美容院でされた嫌なこと」ランキングを集計したら、「前の美容師の仕事をけなされること」が上位にきました。「ああ、これはひどいカットだねえ」みたいな言葉です。以前通っていた店の美容師を否定されると、その美容院に通っていた自分自身も否定されたような気持ちになるのでしょう。

これと同じで、新しい課題解決法を披露する際、「以前の読者の行動を否定する」には注意が必要です。それは間違っています。そんなことをするなんて愚の骨頂です。こちらの方法のほうが画期的ですと、つい書いてしまいがちです。

もちろん、読者は正しい課題解決法を知りたいと思っています。でも、**必要以上に過去の自分を否定されると、ムッとする**気持ちにもなります。そういう場合は、少しフォローを入れます。

たとえば「ビジネス文書の書き方」を指南するのであれば、「みなさんが、この書き方を知らなかったとしても無理はありません。なぜなら、ビジネス文書は学校で習う作文の書き方とはまったく違うからです。ビジネスシーンに必要な文章の書き方を体系立てて学んだ人はほとんどいないはずです（だから知らなくて当然なんですよ）」といった具合です。このひとことがあるだけで、読者は、不快な気持ちにならず、新しいメソッドを受け入れやすくなります。

ただしこれも、想定している読者層によります。はっきりと過去と決別したいという人たちが読者層だったら、思いっきり否定してもいいでしょう。

トゲ抜きとリスク管理は丁寧に

Aを上げるために、Bを下げる必要はありません。

たとえば、「私はAというアーティストが好きだ」と書けばいいところを「A以外のすべてのアーティストは嫌いだが、Aだけは例外だ」と書くとします。A以外のアーティストを好きな読者全員を敵に回したいのであれば別ですが、そのような意図がないのであれば、Aが好きだと書けばよいだけです。これも、意外とやってしまいがちなので、気をつけるとよいポイントです。

よくあるのが、ある商品が大ヒットした背景を書こうとして、「会議では上司全員が反対した。昭和のオヤジは全然わかっていない」と書いてしまうとか、「自分の画期的な研究結果を横取りした教授」と書いてしまったりとか。

その本が、告発本である場合は別ですが、その意図がない場合、**人を下げる表現を入れると、結果的に足をすくわれる**こともあります。

また、自分の表現が名誉毀損などに当たらないかも配慮が必要です。このあたりは、編集者や校正者、場合によっては出版社の法務部などもチェックしてくれるはずですが、原稿を書くときから注意しておく必要があります。

私は、誰か特定の人の批判を書くときは、①その本人が読んでも不快にならない表現を使うか、②人ではなく制度を批判するか、③「自分に似た人もいるんだなあ」とその本人が思うくらいにデフォルメして書くことが多いです。

だけど、読みやすいだけじゃダメなんだ

と、ここまで読者を離脱させないことについて書いてきて、全部ひっくり返すようですが、離脱させないわかりやすい文章だけが良い文章かというと、必ずしもそうとは言えません。本づくりの「ゴール」は、あくまで「読者の何かが変わること」であって、「文章が読みやすいこと」ではないからです。

書籍ライターになってすぐの頃、著名な先輩ライターのお手伝いをさせてもらったことがあります。10人のインタビュー集のうち、2人分を任せていただいたのです。原稿を納品したら「さとゆみさん、本当にわかりやすい文章を書くねえ。でも、わかりやすすぎてよくない」と言われました。もっと手をとめて考えさせる〝読みにくい〟箇所がないとダメだ。読者に一度ページを閉じさせるような場所がないとダメなんだよ、と。

正直なところ、その方のアドバイスの真意がわかるようになったのは、つい最近で

す。

良い本は、思考を促してくれます。私自身も、良い本に出会ったときは、本に書かれたことにインスパイアされていろんなことを考え始めるので、圧倒的に読む速度が落ちます。考えごとをしてはハッとして本に目を戻し、あれ、どこまで読んだっけということもよくあります。すらっすら読めている本ほど、実は何も受け取っていなかったりするのです。

だから、本を読むのが苦痛になるような**悪文は論外だけど、読む人を立ち止まらせる文章は必要**なのだと思う。

一度離脱して自分の人生と照らし合わせる時間をとってもらえた本は幸せだし、たとえ離脱したとしてもまた読みたくなる本であればよい。極端なことを言えば1ページだけ読んで離脱されたとしても、その1ページが読者の人生を変える1ページだったら、それでもよいわけです。

んー、でも、やっぱり最後まで読んでもらいたい。できれば再読されたい。そのときどきに、いろんな発見がある本だといいな、と欲張りに思ってしまいます。

CHAPTER

6

本を出した
私のそれから

『女の運命は髪で変わる』という書籍を出したとき、全国の美容師さんが応援してくれ、発売3日で重版がかかりました。その後も「髪が大事だと主張する、一風変わった書籍が売れています」とテレビや新聞でたくさん取り上げられたため、あれよあれよという間に本が売れていきました。

その本は、美容師のみなさんに教わったメソッドを伝え、髪、大事だよ！みんな髪にも目を向けてね！　という本だったので、1冊でも多く売れてほしいと全国を駆けずり回ってＰＲしてきました。

まるで選挙活動のように、「いい本なんです。ぜひお手元に！」と話をして回っていたある日、仙台で私は、一人の美容師さんに出会いました。

その日は400人のお客さまが集まってくれた講演会でした。終演後にサイン会をしていたらその中の一人が「ゆみちゃん、ちょっと話したいことがあるんだけれど、」とおっしゃったのです。

歳の頃は還暦くらいでしょうか。初対面なのに「ゆみちゃん」と言われたことにびっくりしたのですが、なぜかまったく違和感はなく、その美容師さんとお話させていただきました。聞けば、今日は岩手県の一関から来たと言います。

その方は、「今日は、ゆみちゃんにひとこと、お礼を言いたいと思って」と言います。「お礼と言いますと……？」と私が聞き返すと、彼は「実は、これまで続けてきた美容院を、そろそろ店じまいしようと考えていた」と続けます。

その方は一風変わった経歴の持ち主で、美容師は4つめの職だと言います。居心地にも環境にもこだわった店づくりをしてきたけれどお客さまにも高齢者が増えてきた。「そろそろ潮時かな、店を閉めてまた別の仕事をしようかなと思ってたの」。その美容師さんは、自分の指先を見ながら、ぽつりぽつりと話してくれます。

だけどね、とその美容師さんは、くっと顔を上げて私の顔を見ました。「おれね、ゆみちゃんの本を読んで、もう一回美容師頑張ろうって。最後の一人まで切らなきゃいかんって思ったんだよね」とおっしゃいました。

「そうでしたか。今はどのように?」と私が聞くと、「最近、送迎サービスを始めた」と言います。足腰が弱くなって美容院から足が遠のいたお客さまの送り迎えを始めたのだとか。送迎をするようになってから、しばらく店に来てなかった高齢のお客さまが、ぽつぽつ戻ってきたと言います。

「こないださ、久しぶりのおばあちゃんが予約を入れてくれてねえ」と、美容師さんは目を細めます。足が弱っていたおばあちゃんは一人で美容院にくることもできず、不自由をしていたそうです。彼は、そのおばあちゃんの髪を綺麗にしてあげて、往復50分かかる家まで送迎してあげました。

帰りの車の中でその美容師さんは「おばあちゃん、またいつでも迎えに来るから、遠慮しないでいつでも予約してね」と、後部座席のおばあちゃんに声をかけたそうです。ところが、おばあちゃんからの返事がありません。具合が悪くなったかと思って慌てて後ろを見たら、そのおばあちゃんは泣いていたと言います。「うちはもう、長くないと思う。だからあと何回、あんたのところに来れるかわからないけれど、最後までよろしく頼みます」って。

「ゆみちゃんに、その話をしたかった」

そう言われて、私は膝から崩れ落ちました。ああ、この本を書いてよかった。この本が、この美容師さんに届いてよかった。

私はこの本を1冊でも多く売りたいと思ってきました。最初はただただ、読んでくれる人が幸せになってくれたらいいなと思っていたけれど、最近は、ひたすら重版が目標になっていた気がする。

だけど、彼の話を聞いて、この美容師さん一人に届いただけでも、書いてよかったと思いました。彼が私の本を読み、美容師を辞めないと決めてくれたことで、彼の後ろにいる、100人、200人のおじいちゃんおばあちゃんの生活が変わるのだと思ったからです。

本を出すとは、岩手県一関の駅から、さらに何キロも行った田舎の集落のおじいちゃん、おばあちゃんの人生にも影響を与えることなのだと、私は初めて知ったのです。書いて、よかったと心から思いました。

先日、その美容師さんと2年ぶりに再会しました。

「ゆみちゃん、あのとき話していたおばあちゃん、覚えてる？」と聞かれ「うん、覚えてます」と言うと、「おばあちゃん、亡くなったわ」と教えてくれました。

私が黙っていると、彼は「でも、おれ、最後までばあちゃんの髪、切ったよ。亡くなったときも、綺麗な髪型だったって聞きました」と言うから、また私は泣いてしまいます。

「おれは美容師、続けてるよ。辞められない仕事をしてしまったなぁと思ってる。ゆみちゃんは元気に書いてるよね？」と聞かれたから、私は答えます。

「はい、書いてます。私も、きっと、最後まで、書きますよう」

著者の手を離れた本は、著者が思ってもいなかった場所で、人の人生に影響を与えることがあります。そして、本に影響を受けたその人が、次に誰かの人生に影響を与えていきます。自分の本を必要としてくれる人たちの手に届くようにするためには、何をすれば良いのか。この章では、販促活動と、本を出したあとも続く著者と読者の人生について書きます。

CHAPTER 6 で考えたいこと

Think 14 本は誰が売るのか?

Think 15 本は人生を変えるか?

Think

14

本は誰が売るのか？

あとは発売を待つだけ、ではない

初めて一般向けの自著『女の運命は髪で変わる』を書き終わったとき、たまたま別の出版社の編集者さんと飲みに行く機会がありました。「さとゆみさん、書籍、完成した？」と聞かれたので、「はい、おかげさまで終わりました－！　あとは発売を待つだけです！」と晴れ晴れ答えたら、「何、全部終わった感出しちゃってるの。著者の仕事はここからでしょう」と言われ「へっ？」となりました。

その編集者さんは「本づくりはみんなでできるけれど、**販促は著者にしかできない部分もあるからね**」とおっしゃいます。

「は・ん・そ・く？」

それは、ずっとファッション誌のライターをやってきた私には、あまり縁のない言葉でした。

家に帰ってから「販促」について調べました。販促とは販売促進活動のこと。お客さまが商品を知るきっかけをつくったり、商品の購買意欲を引き出すことを指すそうです。

そういえば、書籍ライターになってから、何本か「パブ記事（パブリシティ記事）」

と呼ばれるPR記事を書いたことがあります。書籍の中から著者さんの主張がわかりやすく出ている箇所を使いながら、ウェブ用の記事を制作する。そういう記事をきっかけに本を購入してもらう動線をつくる方法があるのは、私も知っていました。

でも、著者本人ができる販促って？

私は担当編集者さんに連絡をして、「今更ながらですが、著者ができる販促って何ですか？」と聞きました。そして、そこでもらったアドバイスをもとに、これまで取材や講演会でお世話になった美容師のみなさんや、美容メーカー、ディーラーの方々、約2000人に「こんな書籍が出ます。よかったら読んでください！」とメッセージを送りました。この本は一般の女性向けの書籍でしたが、書いてある内容は「髪の重要性」なので、もしも美容師さんが読んで気に入ってくれたら、お客さまにおすすめしてくれるのではないかと思ったからです。

応援してくれる友人知人にお知らせする

そのメッセージを送るにあたって、書籍の内容をA4裏表のPDFのチラシをつくりました。チラシには、本の内容と見本原稿を読んでくれた方たちの感想をちりばめました。当時、ほとんどの美容師さんとはFacebookでつながっていたので、1日に送れるメッセージの限度回数までメッセージを送り続けたのを覚えています。

多くの人は「おめでとう！　どこで買えるの？」とか、「チェックするね」などと返事をくれました。「○○さんの住んでいる街だと、この本屋さんには確実に入荷されると思います」などとメッセージをして、この時期は、1日に3時間くらいはFacebookのメッセンジャーにかじりついていたと思います。

中には、うちの美容院でお客さまに売りたいから10冊ほしいと言ってくれる方がいたり、ここに書かれている内容を美容師さん向けに講演しませんかと言ってくれるメーカーさんがいたり、カラー剤やパーマ剤を美容院に届けるときにチラシを配ってあげるよと言ってくれる美容ディーラーさんがいたりしました。

「うちのメーカーで出す新商品のコンセプトと本のコンセプトがばっちりあっているから、キャンペーンで本をプレゼントとして配りたい」と言ってくださったメーカーさんもいました。気づけば、発売前に2000冊ほどの予約注文が入り、まさかの発売前重版が決まりました。

前に書いたように「髪の本なんか売れるはずがない」と言われていた状況での出版

だったので、「髪の本だって、メイク本くらい売れるところを見せてやろうぜ」「ファッションよりも髪が大事って書いてくれてありがとう。みんなで応援するよ」と言ってくれた美容師さんたちの気持ちは、本当に嬉しかったです。

本が発売になったあとも、全国の美容師さんたちが「こんな面白い本があるけれど、知ってる?」と、自分のSNSにアップしてくれて、そのおかげで本が認知され一般のお客さまの手に渡っていきました。

発売3ヶ月くらいの間に、テレビや新聞、雑誌の取材をたくさんいただいたのですが、ディレクターさんや雑誌の編集者さんの半分くらいに「美容院でおすすめされて知りました」と言われました。

発売前から本が動いていれば強い

そのときはあまりよくわかっていなかったのですが、この**「本が出ましたと知り合いに案内する」**は、**最もプリミティブだけど、最も重要な販促行動**であることを、のちに知りました。

というのも、本は発売日前後1ヵ月が最初の勝負どきだからです。前にお伝えしたように、日本では1日に200冊の新刊が出ます。書店の棚は有限ですから、その日一緒に出た本だけではなく、あとからあとから届く200冊と比べて、どちらを書店に置いておくか、毎日勝ち抜き戦をし続けるようなものです。ライバルはみなさんの本と同時期に発売になる本だけではありません。直近のベストセラー、何年も前に発売されたロングセラー、それらすべてと比べられても書店に居残り続けるには、本が「動く」必要があります。「動く」とは、買われることです。書店に並んでから何ヵ月間も動きがない本は、どんどん返本されてしまいます。ですから、応援してくれる人たちには、なるべく**1ヵ月の間に購入してもらえるとありがたい**のです。

本には、音楽と違ってリリース日を知らせるオリコンのような媒体がありません。ですから著者本人が「発売しましたよ！」と言わない限り、ほとんど誰もあなたの本の発売日を知り得ません。

校了から実際に印刷された書籍の見本が刷り上がるまでに、3週間から4週間ほどかかります。この期間に、著者ができることは実はたくさんあります。これから書くことは、いろんな著者さんから聞いた販促方法です。ただしどれを試してみる場合も、必ず担当編集者と相談してやってくださいね。

Amazonの部門ランキング1位を狙え

出版社さんによっては、Amazonの部門ランキング1位を狙いましょうと、言うかもしれません。Amazonの部門ランキングとは、たとえば、私の『書く仕事がしたい』は、

＞本全体の中の
＞ビジネス・経済ジャンルの中の
＞ビジネス実用のジャンルの中の
＞仕事術・整理法のカテゴリーに分類されています。

本全体のビジネス・経済ジャンルで1位を狙うのは至難の業ですが、仕事術・整理法のカテゴリーであれば、タイミングが良ければランキング1位をとれる可能性もあります。

細かすぎる話ですし、アルゴリズムはいつ変わるかわからないので、あくまで参考までにですが、Amazonのランキングは1時間ごとに変更されると言われています。ですので、知り合いの人たちに「予約するときはこの時間帯に予約してもらえると嬉しい」と伝えておくと、ランキングが上位になる可能性が高まります。この場合、一

人で100冊買っても意味はなく、購入のアカウントの数で判断されると言われています（2024年1月現在、本につけるポップや新聞広告などの公の場で「Amazon○○部門でランキング1位」と名乗って良いのは、24時間継続してそのランキングをキープしたときとされています）。

このランキングがあると、自分自身もその後の宣伝がしやすくなります。そして何より、出版社の「重点書籍」に入れてもらえる可能性が高まります。

重点書籍になる

重点書籍とは「出版社が力を入れて売る書籍」の意味です。出版社によって呼び方も違うし、そもそも自社の本をランクづけするような名称は存在しないという出版社もあります。が、出版社も商売ですし、営業や販促のためのリソースは限られていますから、**今月発売する本が10冊あったら、どの本を注力して売るか**ある程度の目星をつけています。

出版社で確保している新聞広告やSNS広告の予算も、やはり、売れそうな本に投入するでしょうから、予約が殺到する本にはその予算を割きやすくなります。

ただしこのあたりは出版社によってもいろんな考え方があります。私がこれまで本を出した出版社の中には、「知り合いには、できるだけAmazonで買わずに書店で買ってほしいと伝えて」と言われたケースもあります。

たとえば、Amazonでは100冊購入されなければランキングに入らないケースでも、リアルな書店で1店舗10冊売れれば、書店の規模にもよりますが、今月のランキングに入る可能性もあります。すると、目立つ場所に陳列してもらえたり、追加の注文をもらえることもあります。

本の販促方法はたくさんありますが、**その本を知らない人に最も届きやすいのは、書店で平積みor面陳されること**だと言われています。リアルの書店で購入を働きかけると、本の陳列寿命が延びます。

ある編集者さんは、「書店の1冊は、販促の側面だけでいうとAmazonの10冊分の効果がある」と言い切りました。もちろん、このあたりは人によって、出版社によっても考え方が違う部分もあると思います。本のジャンルによっても、リアル書店で売れやすい本とネット書店で売れやすい本があります。ですので編集者さんと相談をして進めていくのがベストです。

事前予約をクラウドファンディングで集める

最近では、クラウドファンディングなどで、発売前に書籍を大量に売る著者さんも増えました。出版のタイミングでクラウドファンディングを開き、自身の講演やスクール、コンサルティングなどとセットでいくつもメニューをつくり、そのメニューに紐付けて本も一緒に売る方法です。私の知り合いの著者さんも、この方法で予約注文を受けている人が何人もいます。

そういったクラウドファンディングでは、「本を100冊買ってくれたら、無料で講演会をします」のようなメニューもあったりします。もし書籍100冊の値段が20万円だとしたら、講演主催者としては安い買い物かもしれません。100人を5000円で集客できれば、本を参加者にプレゼントしても、十分商売になります。

出版社にとってはまとまった注文数が見込める方法ですし、著者にとっては本だけではなく自分が持っている他のビジネスメニューも売れるチャンスですし、いいところだらけのように見えます。

これは実際にある著者さんから聞いたのですが、この100冊なり1000冊なりを直接出版社から購入するのではなく、いくつかの書店経由で購入すれば、書店でのランキングも上がります。ランキング入りで目立つ場所に展開されれば、大きな販促になることは先に述べた通りです。

一方で、年々販促が著者頼みになっている風潮には、ジレンマを感じている編集者や疑問を感じている著者が多いのも事実です。また、書店のランキングが実際の書店を訪れたお客さまのランキングではなくなりつつあることに対して思うところがある書店員さんの声も聞きます。

とはいえ、販促手法のひとつとして検討する価値は十分あると思います。

メディア献本や書店イベントで多くの人に知ってもらう

さて、発売前後1ヵ月の時期に重要な活動といえば、メディアや書評家などへの献本と売り込みでしょうか。

私が初めての一般書を書いたときは、メディア関係の会社から独立したばかりの友人が、編集者さんのアドバイスのもと、テレビ局や出版社に企画の売り込みを手伝ってくれました。

彼女に「さとゆみさんは、しゃべりが上手いから、一度本の内容を書店で講演してください。書店は私が決めてきます」と言われたので、「を、をう！　よくわからないけど、頑張る！」と返事をしたところ、どんな交渉をしてくれたのか、都内の大型書店さんでの出版記念トークイベントを決めてくれました。

そして、彼女はそのイベントのチケットのうち7〜8枚を買い取り、そのチケットでマスコミ関係者を招待してくれました。彼女の手腕のおかげで、雑誌やウェブのメディアの方々が講演会に来てくださり、そこに来てくださったメディアのほぼすべてから、後日出演の依頼をもらいました。

これらのメディア露出は、本が出てから1ヵ月後くらいに立て続いたのですが、そのメディアを見たテレビや新聞の方からもオファーがくるといった循環につながりました。

また、**書店さんでイベントをさせてもらうと、店内に目立つように本を置いてくださったり、ポスターを貼ってくださったり**といった、思いもよらないご利益もありました。こちらの書店さんは、イベントまでの約1ヵ月間、１００冊ほどの本を書店に置いてくださったのですが、イベントポスターなどの効果もあり、50冊くらい売れたそうです（そのうち7〜8冊は自腹で買った分ですが）。

この書店さんでの販売実績が、その後の営業活動にとても役立ったとあとから聞きました。

「100冊置いた店舗では50冊も売れたんです」という実績を引っ提げて、他の書店でも営業しやすくなったし、大きい冊数を仕入れてくれる書店が増えたという話を聞きました。たとえ1店舗でも、大きく展開して売れた書店があると、そのニュースをもとに他の書店も書籍を大量に入荷してくれたといった話は、よく聞きます。

もちろん、このような活動は、出版社の営業さんに相談しながら行っています。勝手にやってしまうと、出版社さんの思惑とずれてしまうこともあるので、そこは気をつけましょう。

ウェブメディアでバズればネット書店に直結する

書籍の抜粋記事を、大手ウェブメディアに載せていただく経験もありました。これは担当編集者さんが、直接ウェブメディアの方に売り込んでくださいました。当時は、「え？　有料書籍の中身を、無料のウェブメディアに出しちゃうの？」とびっくりしたのですが、この記事がものすごく読まれ、Amazonランキングが目に見えてぐいぐいのびていきました。

これは本を出すまで気づかなかったことですが、ビジネス書であれば、ダイヤモンド・オンラインや、東洋経済オンライン、現代ビジネス、プレジデントオンライン……などに、書籍からの抜粋や引用でつくられた記事がよく載っています。

実用書であれば、エッセ、たまひよ、サンキュ!……などのオンラインメディアにもよく書籍の内容にからんだ記事が出ています。これらの記事は、編集部が著者に取材をしている場合もありますが、出版社サイドが「こちらで原稿を用意しますので、よかったら掲載してください」とお願いしているケースも多いです。

先日、ある出版勉強会で著者さんが「自分は、**書籍の内容にからめた記事を書いて、無料で寄稿**している」と話していました。そこにいた参加者の方が「どうして、無料で?」と聞いたところ、マーケティングのプロであるその著者さんは、「この記事で読まれるPV数を広告で買えば100万円以上になる。原稿料がゼロだったとしても十分すぎるほど元がとれる」と答えていらっしゃいました。

そうなのです。たしかに、こういったウェブ記事は反響があると、そのまま書籍のヒットにつながります。

かつて私も担当ライターとして、作文ドリルにからめた記事を書いたことがあります。そのときは、その記事のアクセスが数十万PVになり、作文ドリルなのにAmazonの「総合ランキング」で5位以内に入りました。芸能人や著名な作家さんの書籍がずらっと並ぶ中、作文ドリルが上位にランクインする図は不思議な感じでしたが、そこでこの作文ドリルは一気に認知を高めました。その後、コロナで学校に行けなくなった時期とも重なり、自宅学習に最適と話題になり、発売2年で10万部を突破しました。

たった1本の記事が、10万部突破の起爆剤になったと思うと、感慨深いです。

取材を受けるときに宣伝効果を上げるには

取材を受けた場合に意識することは、いろんな著者の先輩や編集者さんに教わりました。100本以上の取材を受けた私が「これはとくに大事！」と思ったのは以下の2つです。

まず、**書影と書名の交渉**。

書影というのは本のカバー写真です。テレビでも新聞でも雑誌でも、この書影が出るか出ないかで、反響は10倍くらい変わるイメージです。テレビでは断られることもありますが、事前に交渉すれば意外とすんなりOKしてもらえることもよくあります。

取材が終わってから言うのではなく、事前に相談するのがポイントです。

また、私の場合、雑誌やウェブ記事などでは、書影に加えて、**書籍名をリードか本文で紹介**していただけますか？　と聞きます。何も言わなくても「プロフィール欄」には書名を入れてくださることがほとんどです。でも、プロフィール欄はえてして読み飛ばされるものです。リードか本文で「『本を出したい』の著者、佐藤友美さんから話を聞きました」などと書いてもらえば、認知が高まります。

本の内容を紹介するラジオに出演するときも、書名を伝えることが大事です。もちろんパーソナリティの人が、トークの最初と最後で2回は書名を言ってくれると思います。でも、ラジオは途中から聴く人もたくさんいます。「この本にも書いたのですが～」などと言わずに、なるべく「『本を出したい』にも書いたのですが～」と話すと、途中から聴き始めたリスナーにも何の本について話しているのか伝わります。ただし、連呼しすぎると嫌われるのでそこは注意。

もうひとつは、このように本を取り上げてくれる**取材依頼がきたら、必ず編集部に連絡**すること。せっかく取り上げてもらったのに、その番組が放映される日に書店に本の在庫がほとんどなかったり、Ａｍａｚｏｎが一瞬で在庫切れになってしまうようではもったいないからです。

出版社によっては、テレビ出演などの前に全国の書店に一斉ファックスを流してくれる場合があります。書店はこういったファックスをもとに、「それなら、目立つ場所に並べよう」とか「もう少し注文しておこう」となります。そのチャンスを逃さないためにも、**出版社との情報共有は重要**です。

販促貧乏とチャンス

これはいろんな著者さんと話をすることですが、本を出したあとの一定期間は、販促貧乏になります。普段1時間50万円で講演する人も、本のPRにつながるテレビ出演は3万円で引き受けたりします。著者の時給は、販促時に著しく下がります。

逆にいうと、普段は引き受けてもらえないインタビューや番組出演も販促時なら叶うことがあります。映画の宣伝時に、普段はバラエティに出ない俳優さんが出演するのと同じですね。

私は注文書を兼ねたチラシをつくったことがありますが、著者さんによっては書影入りの名刺をつくったり、DMをつくる人もいます。

講演のときに入り口に立てかける大きなパネルをつくったことがあります。パネルそのものの代金はもちろん、これを毎回会場に送る送料などもそれなりの値段になりました。ですが、参加者の方たちがそのパネルの前で写真を撮ってSNSに上げてくれる機会が増えたので、つくってよかったなと思いました。

自分でインスタライブをしたり、YouTubeライブをして自主的に本を宣伝することもできます。ちなみにフォロワーの多いYouTuberの方に聞いたのですが、YouTubeのサムネイルに自著の書影を出すと突然アクセスが減るのだそうです。本の宣伝だと思われると、誰も見てくれないのだとか。

これは、YouTubeに限らず、あらゆる取材に言えることかもしれません。「自著のPR」と思わずに、視聴者や読者のためになることを伝えようと思ったときに結果として、「この人の本が欲しい」となるのかもしれないですね。

著者になると人相が変わる——いい顔になりましょう!

著者になると何が変わるのか。本が売れた場合は、まず、**口角が上がる人が多い**です。どうして? と思うかもしれませんが、たくさんの売れた著者さんを観察してきて気づきました。これはおそらく、本を出すことによって、出張《でば》る機会が増えるからだと思います。

講演会、テレビや雑誌への出演をはじめ、その道に詳しい人として企業に呼ばれてヒアリングされたり、意見を求められることも増えます。書籍に関係ある分野のコンテストで審査員を頼まれることもあります。

そういう場所では、最初から「先生のご意見拝聴」といった空気が流れます。とくに講演会やサイン会などではファンですという読者にも会えますから、自然と口角も上がるといったものでしょう。

著者の知り合いができるのも、嬉しい副産物です。同じ担当編集者で本を出した著者さんを紹介してもらったり、イベントで別ジャンルの著者さんと会えたり。本の発売時期が近くてシナジーがありそうな著者さんと対談してお互いPRをしましょうというケースもあります。自分の価値観ががらっと変わるような素晴らしい出会いになることもあります。

その先は、人によって変わります。編集者やライターが集まると、「売れて人相がよくなった著者、悪くなった著者」の話題がよく出ます。最初のうちはその話がよくわからなかったのですが、言われてみると、たしかに本を出して人相が変わる人は結構いるなと思い当たりました。

人相がよくなる場合は、本が認められたことによる自信が顔つきにあらわれる感じです。本が売れると、できることが増え、会いたい人に会えるようになったりします。そこで得た刺激を本業に活かしたり、次の書籍に活かしたりして、良い循環が回るようになります。そういう人の人相はたしかにいいような気もします。

人相が悪くなるタイプは、どんなタイプでしょうか。先輩に聞いたら、損得が顔に出るようになったら良くない兆しと言われました。私は人相のことはわからないけれど、最初は「自分の知っていることを人に伝えたい」だったのが、「本って、儲かる。なるべく楽に儲けたい」に変わったときは文章がにごると感じます。

先日、大ヒット本を出した著者さんに「すごいですね！　おめでとうございます」と伝えたら、「こんなに売れるなら、ライターを使わなければよかった。印税を分けるのがもったいない」とおっしゃって、とても残念な気持ちになりました。いや、これはただの悪口ですね。だって、すごく嫌だったんだもん。

本の魔力——他人《ひと》も自分《ひと》も変える

とはいえ、売れたときにこそ人の本性が見えるものだし、周囲の本心も見えるものです。私自身も、本が売れたときに、過去にお世話になった先輩から出版社宛に怪文書を流された経験があります。

とても可愛がってくださった先輩なのに、忙しさにかまけて不義理にしていた時期が長くありました。きっと先輩はずっとそれが気になっていたのでしょう。なぜ先輩だとわかったかというと、そのメールを受け取った編集者さんが、私に「こんなメールが流れているけれど、大丈夫？」と連絡をくれたからです。そのアドレスを見せてもらって、お世話になった先輩だとわかりました。

本を出したあとは、自分のこれまでの人生に対する通知表をもらっているような気持ちになることがあります。いや、実際、これまでの生き方が突きつけられているのかもしれません。

その件があってから、何か不義理をしていないか、失礼を働いていないか、きょろきょろ我が身を振り返るようになりました。

ある友人の著者さんは、「本を出してから、この本に恥ずかしくない自分になろうと思うようになった」と言っていました。**本に書いたことはブーメラン。自分を最も律する存在**になるのかもしれません。

逆に「本を出したら、本に書いたことに縛られるから気をつけなさい」とアドバイスしてくれた大先輩の著者さんもいました。たとえば私が「文章とはこう書くべきだ」

と自著に書いたら、その方法が唯一で最高の課題解決法だと思い、ずっとその方法にしがみついてしまうというような意味です。

本を裏切らない自分でありたい。
でも本を裏切れる自分であらねばならぬ。

どちらも、本を出してから考えるようになったことでした。

好きな四字熟語「重版出来」——チームが報われるとき

一方で、本が売れなかった場合は、驚くほど無風です。これが、いろんな著者さんから聞く「本を出したときの誤算」です。あんなに頑張って時間をかけてつくった本が、ほとんど誰の手にも届かない。これは残念ながらよくある話です。

以前、ある編集者さんが、「本が売れないと、なかったことになるのが嫌だ」とおっしゃっていました。長い時間をかけてつくった本なのに、売れないと、1〜2ヵ月で、書店さんから返本されてしまいます。そうやって返本されてきた書籍は、何かのきっかけで再ブレイクすることもなくはないけれど、新刊のタイミング以外にはなかなか難しい。

その編集者さんは、「なぜPRを頑張るかというと、その著者さんと長く付き合っていきたいからだ」と話してくれました。本が売れれば売れるほどPRの機会も増えるし期間も長くなります。せっかくつくった本で、せっかくお会いできた著者さんと長く付き合っていこうと思うと売るしかないんだよね、と。

私が一番好きな四字熟語は「重版出来」です。じゅうはんしゅったいと読みます。これはもちろん、印税が入るということもあるけれど、何より関係者全員の仕事が報われる瞬間だからなんですよね。この本が世の中に受け入れられたという事実は、スタッフ全員を幸せにする。

だから、少しでも多くの人に本を届けたい。そのための販促活動なのです。

Think

15

本は人生を変えるか?

本を出したいならば

「本を出したいけれど、何から始めればよいのでしょうか？」

その質問に対して、ミリオンセラーを世に出した編集者の方は、いつもこう答えるそうです。

「本業を頑張りましょう」

この業界にこの人ありと言われるくらい本業が認められたら、自然と出版社から声がかかるようになると、その方は言います。


また、別のミリオンセラーを手がけた編集者さんは、

「本を出したいなら、本を出したいと思うのをやめなさい」

と、言いました。禅問答のようですが、今、ここまでこの本を読んでくださったみなさんには、この言葉の真意が刺さるのではないでしょうか。


本を出すことは、目的ではなく、手段です。

「本を出したい」と思うことは、「自分の知っていることを広め、世界をもっとよくする」ための、ひとつの手段にすぎません。

これは私見ですが、本を出したあとにその先が続かない人と、その後も何冊も本を出したり、別の場でさらに大きく花を咲かせる人の間には、決定的な違いがあると思います。

それは、**「世界をもっとよくしたい」の気持ちの強度**です。

本の中にその想いをしっかりこめられた人は、ネタ切れしたり枯渇したりしません。たとえその先、本を出すという選択肢をとらなかったとしても、世界をよくする方法を探し続けます。

もし次の本を出せるならば

あなたの本が売れて、もしくは売れなかったとしても、2冊目を書きませんかと言われたときは、1冊目以上に人生が問われます。

出し惜しみをせず、デビュー作にすべてを賭けた人ほど、本を出したあとはすっからかんになっているでしょう。その状態で、1冊目をなぞるだけの本を出したとしても、出がらししか出ません。

もしもあなたに次の本を出せるとしたら、それはいくつかのパターンがあると思います。

①1冊目の実践編を出す
②1冊目のセグメント別で出す
③1冊目とは違うテーマで出す
④共著を出す
⑤著者が爆速成長して出す

①はよくあるパターンです。たとえば、1冊目でダイエットの極意を伝え、2冊目でより詳しい実践編を書く。1冊目でスケジュール管理の極意を伝え、2冊目でスケジュール管理のための手帳術を公開するなど。

②もよくあります。1冊目でダイエットの極意を伝え、2冊目で部位別ダイエットの本を出す。1冊目でスケジュール管理の極意を伝え、2冊目で管理職のためのスケジュール管理、もしくは入社1年目のスケジュール管理の本を出すなど。

この2つは、とてもよくあるし、実際、1冊目でファンになった人にとっては嬉しい本になるでしょう。だけど、ほとんどの場合1冊目よりも売れることはありません。

なぜなら、**これらの企画は、基本的には読者を絞る方向の企画**だからです。1冊目でファンになった人のうちの全員が購入するわけではないでしょうし、2冊目でこの著者に出会った人は、まずは全網羅されている1冊目を読もうとなるからです。シリーズ本で2部、3部のほうが売れている本は、まずないのはこういった理由からです。

もちろん、部数だけがすべてではありません。より深く知りたい読者が満足できる本ができれば、出版の価値があります。ただ、この方法だけでは必ずどこかでシュリンクします。いつか書けなくなります。

継続的に本を出すならば——自家発電に頼らない

③は著作が多く、しかもまんべんなく売れる本を書き続けている人に多いパターンです。たとえば、心理カウンセラーの人が、会話術の本を出したり、心の癒し方の本を出したり、本音を引き出す質問や、恋愛の駆け引きについて書く……といった具合です。

一般的な言葉で言えば「引き出しが多い」人は、これが可能でしょう。ただし、必ずしも自家発電で新しい切り口を考える必要はありません。このタイプの著者さんは、いろんな出版社の編集者と付き合い、その編集者ならではの視点でつくられた「企画主導」の案を上手にふくらませられる人も多いと感じます。

そしてこの場合重要なのは、**その著者が関わる分野に読者が多いこと**です。先ほどの例で言えば「人間の心理」に関しては、いろんな切り口が考えられるし、かつ興味を持っている人が多い。だから、別のテーマで本をつくったときにも、そこに読者がいます。お金や健康、料理などが、このタイプにあたると思います。

何十冊もビジネス書を出している著者さんから、「だけど、そうやってテーマを変えながら、自分が持っているコンテンツを出し続けることって、タコが自分の足を切っているような感じだよ」と言われたことがあります。それだけではなく、次々本を出すと、販促の時期が重なる。せっかく生み出した本に手をかけられないのは、産んだ子どもを育児放棄しているような気持ちにもなるのだとか。ベストセラー著者には、その人たちにしかわからない悩みがあるのだなと感じました。

④は③の変化系で、**新しいテーマを他者との化学反応で生み出す**方法といえるかもしれません。たとえば脳科学者の中野信子さんはもともと単著も多いですが、あるときからぐっと共著が増えています。中野さんが持っている脳科学の知識が、別ジャ

ンルのプロと掛け合わされることで、毎回新しい切り口が生まれていると感じます。

本を出したら——私は読者に育ててもらう

⑤の爆速成長の仕組みは以下です。

著者は本を書く段階で、一段も二段も思考を深めます。**その深まった思考で本業に戻ると、これまで気づかなかった新たなメソッドを手に入れる**可能性が高まります。

著者は本を書く繭の中で時間を飛び越え別人になって生まれ変わります。別人になった自分が、もっと効果的に、もっと本質的に世界をよくする方法があると気づくこともあります。それが、新たな本になるケースを幾たびか見てきました。この場合、2冊目の本が、1冊目を超える名著になることが多いと感じます。

読者の存在が著者に介入し、インスパイアするケースもあります。

本を書くということは、気体である思考を言語化して液体にし、さらに文章にして固体にすると話しました。でも実は、そこで話は終わりではありません。この固体は、それぞれの読者の手に届けられます。そして、読者はその固体を「溶かし」ます。

固体で手渡したはずの文章ですが、ひとたびそれが読まれる段階になると、その文章は読者それぞれの人生経験に照らし合わされ再解釈されます。固体だったはずの文章が液体になり気体になり、読者の思考と混ざり化学反応が起きます。

本は読者のものです。
読まれて初めてその本が、完成します。

本の感想を聞くことや読むことは、自分から生まれた固体が融解し、蒸発し、気体同士（読者の思考と私の思考）が混ざり合って再び液化し、凝固した新しい成果物を見ることにほかなりません。
これはちょっと、すごい体験です。

このときその本はもう、著者のものではなく、読者のものになっています。著者の想像もしなかった形になっていることもあります。その化学変化を起こした読者の思考はどこから生まれたのだろう。それを想像することが、著者をインスパイアし、次の創作へと駆り立てることもあります。

本が読者のものになるとき

本を読んでもらえるのは嬉しいものです。
そして、その感想をもらえるとさらに嬉しい。

ところが面白いことに、「◯◯と書かれていたところに感動しました」と熱量高く言われるときに限って、「あ、それ、書いてない」と思うことがよくあります。その人なりの解釈が加わった結果でしょう。「さとゆみさんが書いていた◯◯」が、もはや原形をとどめないほど違う言葉になっていることも多いのです。

だがしかし、それが、素晴らしいと思う。
それほど自分に引き付けてもらえたら、その文章はもうその人のものだからです。

「伝えたいことが伝わる」も、「誤解なく伝えたい」も、書き手目線です。
しかし、読み手の立場で考えると、「自分に置き換えたり」「自分で解釈したり」が読むことの醍醐味です。文章は読む人がいて初めて完結する。読む人ごとに違うことを語りだす文章を書けたときは、嬉しい。**合作できた**、と思います。

『三行で撃つ』（CCCメディアハウス）の近藤康太郎さんは、良い文章とは誤読の種を孕むと言いました。豊かに誤読されたときは、ああ、私の文章が〝ほんとうに〟読まれたんだと感じます。書籍とは、著者と読者の共同作業で完成するのだと思うのです。

本は、著者が書くものです。
しかし、完成した本は読者のものです。
読者を得た本は、百人百様に溶かされます。
そして、読者がその本について語り書くことで、新しい物語ができます。
その物語は、読者の周りの人に影響を与えていく。
そして、あなた自身にも、影響を与える。

すべては、あなたが本を書こうとしたから起こる化学反応です。
起点は、あなたです。その起点になる覚悟は、できましたか。

なぜ本を出したいのか――再考

さて。この本では、再三再四、本は読者のために出すものだと論じてきました。読者のため、読者のため、読者のため。

というのも、私自身がこの本を書き始める前は、疑いなくそう思っていたからです。でも、ここまで書き進めてきた私はふと、本当にそうか？　と自分に問うています。たとえば、私はこの本を読者のために書いたでしょうか。

その答えは、半分イエスで、半分ノーです。

この本を読んでくれる人のために、なるべく役に立つ情報を届けたいと、いろんな人に話を聞きにいきました。虚心坦懐、自分が知っていることを出し惜しみなくお伝えしました。だから、読者のために書いたかと聞かれたら、胸を張ってイエスと言えます。

でも、**読者のため〝だけ〟に書いたかと聞かれたら、それは、ノーだなと思う。**なぜなら、自分の知っていることを一通り書き終え第一稿を脱稿したとき、「これでは、本を出す甲斐がない」と思ったからです。

多分、本を出したい人たちにとって役に立つ本になっているとは思う。でもまだ、自分の知らないことについては手が届いていない、私自身を楽しませていないと思ったからです。

私自身を楽しませていないとはどういうことか。

それは、第一稿を書き上げたときには、自分が読みたいことが、まだ書けていなかったということです。

この本を書きながら生まれた新たな問いがいくつかありました。たとえばそのうちの一番大きな問いは、「**本を出す行為を人生に盛り込むことは、その人の人生にどのような意味をもたらすのか**」でした。

本を出すことは他の何と似ていて、何と違うのか。自分の思考を表出させる手段として、なぜ本でなくてはいけないのか。日記ではダメなのか。なぜここまで時間がかかる手段を選ぶのか。

私は、それを考えたい。

こんなに時間をかけ、面倒な執筆に耐え、私は何を期待していたのかというと、「私が〝まだ考えてはいなかったこと〟は何かを知りたかった」という一点に尽きます。

言い換えれば、
今知っていることを書き、
書きながら考えたことを書き、
そして、まだ考えたことがないことは何かを知るために書いてきた。

だから、**人のためと言いながら、私は誰よりも強欲に、自分が読みたいものを書いてきた**ことになります。

読者の人生を変えたいと思いながら、自分の人生を変えたかったのだということになります。第2稿から先は、執筆中に生まれた問いをひとつずつ考えながら加筆していきました。

こんな時代に、わざわざ本を出すという非効率な手段を選ぶのは、〝長考〟するためではないでしょうか。**長考とは、自分を諦めないこと**に似ています。

ただし、矛盾するようだけれども、人に役立つ本を出そうと思うからこそ、新たな問いが生まれるとも言えます。

なるべく役に立ちたい。再現性を持たせたい。わかりやすく書きたい。

読者のための最適解を考えることは、厳しく条件を縛ることになります。厳しく縛られるほど、著者は新しい発見を余儀なくされ、次の問いに出会う。

読者のため、読者のため、読者のため。
自分のため、自分のため、自分のため。

本を出すことを、子どもを産むような体験だと言う人がいます。私自身もそのように感じたこともありました。でも、今はちょっと違う感覚を持っています。

書き終えてもスリムにならない。

産んだというより、むしろ、書く前より孕んでいる。

問いが増えているのです。

つまり、本を出すことは、これまでの集大成を披露することではなく、これからの道標を授かることなのかもしれない。

EPILOGUE

おわりに

私がライターとしてお手伝いした書籍の著者さんのうち、3名はすでにお亡くなりになっています。そのうちの一人は、私の父です。この本でも書いた作文ドリルの著者さんです。私がライティングの手伝いをしました。

その作文ドリルは、2019年の9月11日に発売されました。その1週間前、父は、スキルス胃がんの告知をされました。9月11日は、検査の詳しい結果と今後の治療方針を聞くために、家族全員が札幌のがんセンターに集まった日でした。病院に行く前に、父の教え子の小料理屋さんに寄ったら、発売されたばかりの作文ドリルがお店に置かれていました。できたてほやほやの本を真ん中に家族4人で写真を撮ってもらいました。その写真が4人で撮った最後の写真になりました。

父は、病気のことを家族以外誰にも話さないでほしいと言いました。その理由は、心配されるのが辛いから。そして、最後にもう1冊別の本を書き上げたいから、でした。

すべての予定を断って、彼は執筆の準備を始めました。私は休みがとれるたびに北海道に通い、インタビューを重ねました。

命の使い方という言葉が頭をよぎりました。


父が闘病している間にも、斬新な手法が話題になった作文ドリルは、どんどん売れていきました。

あるとき、父が、小学校の教え子たちがクラス会を企画してくれたときの話をしました。集まったかつての生徒たちがみな口々に「先生に作文を習って、本当によかった」「文章を書けることが、どれだけその後の人生を助けてくれていることか」と話してくれたんだ、と言います。

私はその話をもとに作文ドリルの販促記事を書きました。その頃父の容体はだいぶ悪くなっていたのだけれど、意識のはっきりしているときを見計らって原稿をチェックしてもらったよと、母が言います。

このとき、私の原稿に、父が入れてきた赤字を、今でもときどき思い出します。

「私はこれまで小学校の教員としていろんな教科を教えてきました。その中でも最も力を入れて指導していたのが、作文の指導でした」と私は書きました。この原稿の「最も力を入れて指導していたのが、作文の指導でした」の一文が、「最も力を入れて指導していたのが、自分の意見や考えを発表すること」と、作文の指導でした」と、修正されていたのです。すぐそばに母の字で「意見や考え、両方入れる。これはお父さんの言葉」と、書き足してありました。

そういえば、父が、生徒さんを教えるとき、一番大事にしていたのは「自分の言葉で、話す」と「自分の言葉で、書く」でした。

「意見や考えには、正解も間違いもない」というのが父の口癖でした。だからみんな安心して、自分の思っていることを口にのせたり文に書いたりできたのだと思います。

変わった言い方や、独特の感じ方を、父はそれはそれは評価しました。その評価の言葉も独特でした。

「それは決勝戦に残れるくらいの表現だぞ！」

「いいねえ！　横綱級の言い回しだなあ」

なんて。

父の修正を反映した原稿を、私はメディアに納品しました。「1ヵ月前後で出しますね」という返事をもらいました。

脳にがんが転移し意識が朦朧とし始めたとき、父はよく指で何かを叩くような仕草をしていました。「原稿を書いてるの？」と聞くと、頷きます。「大丈夫。お父さんの原稿は今、まとめているからね。ちゃんと本にするから心配しないでね」と言ったら、父は、安心したように指から力を抜きました。

いよいよ危篤というときに、これは本来絶対に飛び越えちゃいけない無礼だと思ったけれど、私はそのメディアの編集長にメールをしました。

「本当に本当にすみません。こんなことを絶対にしてはいけないと思いながら、連絡しました。明日か明後日、父が死にます。この間、記事を納品させていただいた作文ドリルの著者さんです。もしも、もしも可能なご相談でしたら、生きているうちに記事を出してもらえないでしょうか？」

編集長はとても驚きながら、すぐに掲載の手配を進めてくださいました。

その記事は、とても大勢の人たちに読まれました。「こんな先生に習ってみたかった」の感想がコメント欄に並びました。紹介した作文ドリルのＡｍａｚｏｎランキングはぐんぐん上がり、亡くなる直前には書籍全体のランキングで5位になっていました。「お父さん、すごい!!　今、Ａｍａｚｏｎ総合ランキング5位！　楽天はなんと総合1位！」

仕事をするとき、私は父を「安藤先生」と呼んでいました。でも、この頃はもうその呼び名もぐちゃぐちゃになっていたと思います。私の声が、彼の耳に届いていたかどうかはわかりません。でも、看護師さんも病室にくるたび、「今、何位ですか？」なんて聞いてくれるから、そのたびにランキングを調べては、おおおおと拍手と歓声があがるということが何回もありました。

その記事が出て40時間後に、父は亡くなりました。亡くなったその日に、重版の連絡が届きました。人は死んでも、思想は残るのだなとぼんやり思いました。

※

お葬式のとき、驚いたことがあります。

教え子さんたちから送られてくる電報の文章が、どれもこれも独創的だったことです。定型文なんてひとつもなくて、みんなそれぞれに、自分にしか書けない父との思い出や想いを弔電にのせて送ってくださっていました。無骨に印刷された活字を、あんなにもあたたかい、と思ったのは初めてでした。


「意見や考えには、正解も間違いもない」

父が生前よく言っていた言葉を、思い出しました。

「自由に表現していいんだよ」

「まずはそのための言葉を持つことが大事だよ」

父が人生最後に入れた原稿への赤字。それほどにこだわった想いが、教え子のみなさんの体にしみわたっていることに、ぐっと喉の奥が鳴りました。

父としても、著者としても尊敬する人を私は失いました。もう、彼の言葉は聞けないと思うと悲しい。彼の言葉がこの先もう〝増えない〟ことが悲しい。

だけど、それと同じくらい、彼の言葉は〝残っている〟とも思います。彼が残した文章を、私は、私のてのひらの上に持つことができる。その文章は、彼が不在なまま45歳の私を支え、46歳の私を支え、47歳の私を支えてくれました。そのときどきで、響く言葉は変わりました。

そう考えると、彼の言葉が、思想が、〝増えている〟とも言えます。

彼の言葉は、彼の手を離れ、肉体も離れ、私という読者のものになり、溶けて混ざり私の肉体の一部になっている。増殖している。増殖した思想は、再び液化して凝固して私の体を離れ、誰かの身体に侵食する。

本を出したいという人に出会うたび、私は、その方の思想が、誰かの人生と混ざり、永遠に生き続ける未来を想像します。

侵食し結合し増殖し生き続ける本が、その手から生み出されますように。

佐藤友美

satoyumi

ライター／コラムニスト

1976年北海道知床半島生まれ。テレビ制作会社勤務を経て文筆業に転向。日本初のヘアライターとして、ベストセラーとなった『女の運命は髪で変わる』（サンマーク出版）や『書く仕事をしたい』（CCCメディアハウス）、『ママはキミと一緒にオトナになる』（小学館）などを執筆。自著はすべて重版している。わかりやすい解説でテレビ・雑誌・講演などの出演オファーが絶えない。

自身の著作のみならず、ビジネス書、実用書などの執筆・構成を手掛ける書籍ライターとして50冊以上の書籍の執筆に関わっている。特筆すべきは、自著・ライターとしての書籍63冊のうち29冊は持ち込み企画であることと、持ち込み企画のほうが重版率が高いこと。

近年は、日本で最も入塾倍率が高いと言われる「さとゆみビジネスライティングゼミ」を主宰。ライターだけではなく様々な職業のビジネスパーソンを「書ける人」に育てている。

卒ゼミ生と運営するメディアCORECOLOR（コレカラ）の人気連載「編集者の時代」には、ベストセラー編集者が続々登場し、出版業界で話題を集めている。

ウェブ：https://satoyumi.com/
http://corecolor.jp/

本《ほん》を出《だ》したい

２０２４年３月30日　初版発行

著者　佐藤友美
発行者　菅沼博道
発行所　株式会社ＣＣＣメディアハウス
〒１４１‐８２０５　東京都品川区上大崎３丁目１番１号
電話　販売　０４９‐２９３‐９５５３　編集　０３‐５４３６‐５７３５
http://books.cccmh.co.jp

装幀　新井大輔
ＤＴＰ　有限会社マーリンクレイン
校正　株式会社円水社
印刷・製本　図書印刷株式会社

ISBN978-4-484-22248-6